37 Wanderungen mit
öffentlichen Verkehrsmitteln

öffi
TOUREN
NORDTIROL

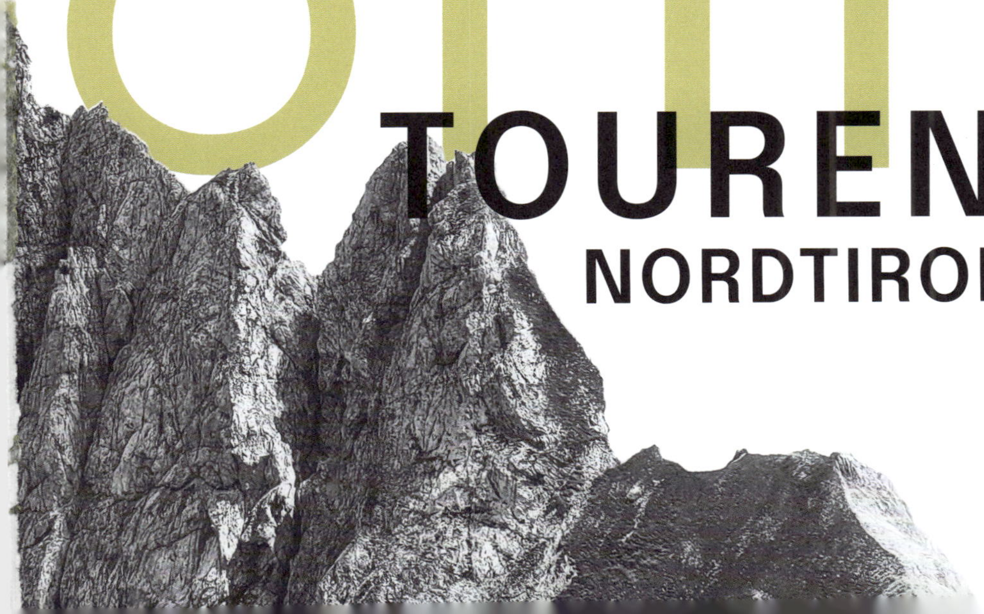

Vorwort

Liebe Bergfreund:innen!

Als passionierte Bergsteiger:innen habt Ihr bestimmt auch ein Herz für Klima- und Umweltschutz. An- und Abreise sind beim Wandern die größten Emissionstreiber. Wählt man statt des Autos öffentliche Verkehrsmittel, kann man 70% an CO_2-Emissionen einsparen.

Wenn dieser Beitrag zum Klimaschutz alleine noch kein Grund für den Umstieg auf Öffis ist, findet ihr auf den folgenden Seiten weitere Gründe, die für eine Öffi-Anreise sprechen. Tipps für das Reisen mit Öffis bzw. zum Wandern allgemein werden gleich mitgeliefert.

Wenn man etwas Neues ausprobieren möchte, braucht es oft einen Denkanstoß. Diesen Impuls für das Ausprobieren des "Öffi-Wanderns" wollen wir mit den gesammelten Touren liefern. Dieser Tourenführer bildet bei Weitem nicht alle Öffi-Tourenmöglichkeiten Nordtirols ab, sondern lediglich eine Auswahl. Damit versteht sich diese Tourensammlung als Nachschlagwerk und Inspirationsquelle. Wir wollen so die Hürde nehmen, das erste Mal statt mit einer Autofahrt das Erlebnis Berg mit einer Zug- oder Busfahrt beginnen zu lassen, und neue, gut öffentlich erreichbare Tourenausgangspunkte aufzeigen.

Auf Basis dieser Tourenauswahl kann man erste Erfahrungen mit Öffi-Wanderungen sammeln und den eigenen Öffi-Horizont Stück für Stück - oder Tour um Tour - erweitern und dabei viele schöne Bergmomente erleben.

Viel Spaß beim Wandern!

Inhalt

Vorwort — 3
Über POW & Bahn zum Berg — 6
Bedienungsanleitung — 8
Tipps für Öffi-Touren — 10
Übersichtskarte — 12

1 Know-How — 14

Rucksack packen — 16
Bergwetter — 20
Vorteile der Öffi-Anreise — 22

2 Landeck — 24

1 Hirschpleiskopf — 26
2 Hohe Köpfe — 28
3 Mooskopf — 32
4 Radurschlklamm — 34
5 Sattelkopf — 36

3 Reutte — 38

6 Drachensee — 40
7 Fernpass-Runde — 42
8 Gaichtspitze — 44
9 Kohlbergspitze — 48
10 Kreuzspitze — 52

4 Imst — 54

11 3-Seen-Tour mit Variante Neunerkogel — 56
12 Stuibentrail — 58
13 Vernagthütte und Guslarspitzen — 60
14 Vordere Platteinspitze — 64
15 Wallfahrtsjöchl — 68
16 Zwölferköpfl — 70

5 Innsbruck und Innsbruck-Land — 72

- 17 Freihut — 74
- 18 Habicht — 76
- 19 Hohe Munde — 80
- 20 Naviser Almenrunde — 84
- 21 Reither Spitze — 86
- 22 Zunterköpfe — 88

6 Schwaz — 90

- 23 Ebner Joch — 92
- 24 Kellerjoch — 94
- 25 Stanser Joch — 96
- 26 Steinernes Tor — 98
- 27 Talbachwasserfall — 102

7 Kufstein — 104

- 28 Kundler Klamm — 106
- 29 Möslalmkreuz — 108
- 30 Pendling — 110
- 31 Wandberg und Brennkopf — 112
- 32 Zahmer Kaiser — 114

8 Kitzbühel — 116

- 33 Ellmauer Halt — 118
- 34 Fellhorn & Eggenalmkogel — 120
- 35 Gampenkogel — 122
- 36 Großer Rettenstein — 124
- 37 Kitzbüheler Horn — 126

Bildnachweis — 128
Impressum — 129
Notizen — 132

Über POW & Bahn zum Berg

Dieser Öffi-Tourenführer ist in Zusammenarbeit der Vereine Bahn zum Berg (BzB) und Protect Our Winters Austria (POW AT) entstanden. Beide Organisationen verbindet die Liebe zur Natur und Bergwelt sowie das Bewusstsein über die Notwendigkeit effektiver Klimaschutzmaßnahmen.

Bahn zum Berg

„Bahn zum Berg" ist ein gemeinnütziger Verein, dessen Ziel es ist, die Anreise mit öffentlichen Verkehrsmitteln zu Outdooraktivitäten zu fördern. Die Organisation betreibt mit bahn-zum-berg.at das größte Öffi-Tourenportal Österreichs und Südbayerns. Hier beschreiben die "Bahn zum Berg" Tourenreporter:innen, wie sie mit öffentlichen Verkehrsmitteln zu ihren Touren kommen. Wenn du klimaschonend mit öffentlichen Verkehrsmitteln wie Zug, Bus oder mit dem Sammeltaxi zu deinen Touren anreisen möchtest, findest du hier reichlich Inspiration. Außerdem stellt „Bahn zum Berg" Tipps, Literatur und spannende Projekte rund um nachhaltige Mobilität vor, die dir auf dem Weg zu deiner nächsten Bergtour nützlich sein können.

Protect Our Winters Austria

Protect Our Winters ist eine global aktive Klimaschutz NGO, die sich dem Erhalt der Bergwelt verschrieben hat. Der Österreich-Ableger POW AT arbeitet gemäß dem Motto "Fortschritt statt Perfektion" mit Partnern aus Sport und Tourismus zusammen, um (Winter-) Sport auch zukünftig gewährleisten zu können und klimafreundlicher zu gestalten. Eine wesentliche Rolle dabei spielen die POW Science Alliance, ein Zusammenschluss engagierter Wissenschaftler:innen, und die professionellen Athlet:innen, die POWs Botschaft in die Welt hinaus tragen. Mehr Infos und aktuelle Projekte findest du auf der Website von POW AT.

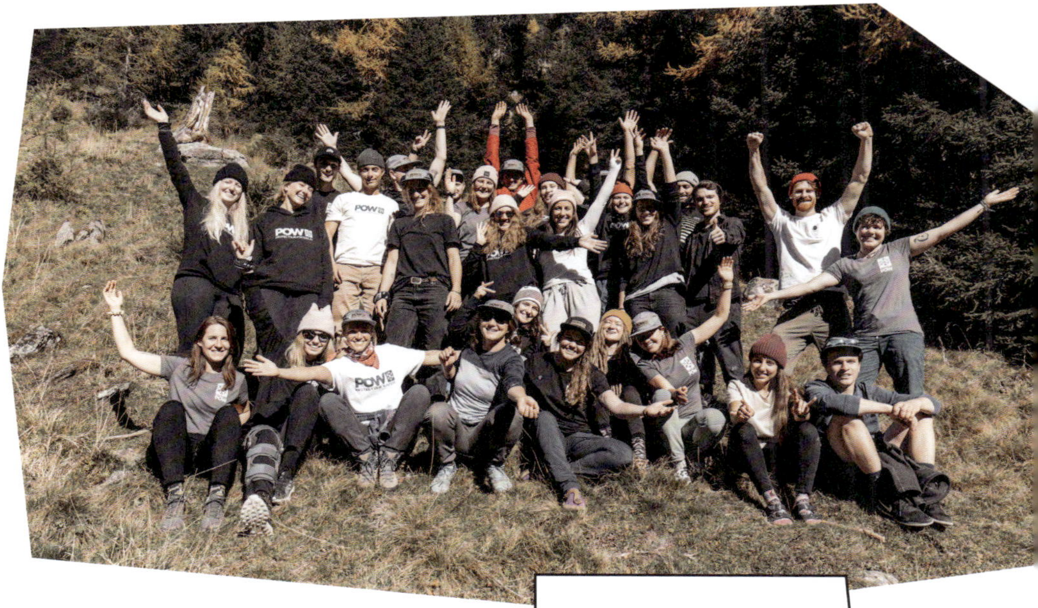

Mehr Infos

BzB Website

POW Website

Bedienungsanleitung

Hinweise zum Gebrauch des Tourenführers

Allgemeines

Der Tourenführer dient in erster Linie als Inspiration für Öffi-Touren in Nordtirol. Osttirol wurde weggelassen, da es als Tourengebiet nicht am Inntal angeschlossen ist. Die Touren sind nach den sieben Bezirken geordnet (siehe Übersichtskarte S. 12-13). Zu den einzelnen Touren findet man eine Kurzbeschreibung, eine Karte mit der Route, Eckdaten zur Anreise und einen QR-Code.

QR-Codes

Da die Fahrpläne laufend aktualisiert werden, wäre es nicht sinnvoll, die genauen Daten zu drucken. Die QR-Codes auf den Seiten führen deshalb auf die Website von Bahn zum Berg, wo man die aktuellen Abfahrtszeiten und eine ausführliche Wegbeschreibung zu der jeweiligen Tour abrufen kann. Dafür am eigenen Smartphone die Kamera oder einen QR-Code-Reader öffnen, den Code fokussieren und auf den erscheinenden Link klicken. Alternativ kann man den Namen der gewünschten Tour auf www.bahn-zum-berg.at in die Suchleiste eingeben.

Legende

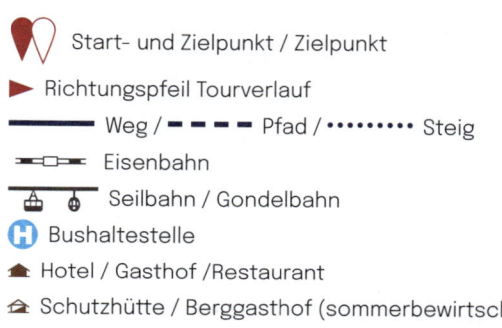

Maßstab 1:50.000

Bezirksübersichtskarten

Die Bezirkskarten geben einen Überblick über die in diesem Führer beschriebenen Touren sowie die Routen der öffentlichen Verkehrsmittel (Bus & Bahn) in diesem Bezirk.

Karte der Tour

Zu jeder beschriebenen Tour gibt es auch eine Karte, die den Routenverlauf ab der Haltestelle zeigt. Zudem sind neben den Haltestellen selbst auch Gipfel, bewirtschaftete Hütten und Almen, Cafés, Gasthäuser und Badestellen entlang der Route eingezeichnet.

Dein persönliches Büchlein

Auf Papier kann man gut Notizen machen. Du kannst dir aufschreiben, wie gut dir die Touren gefallen haben oder ob du alternative Wege gefunden hast. Zeichne dir in den Karten andere Touren ein, die du öffentlich erreichen kannst. Bus und Bahn fahren an vielen Bergen vorbei! Via bahn-zum-berg.at findest du sie auch ganz einfach von zu Hause aus.

Tipps für Öffi-Touren

1 **Fahrplan im Blick behalten**

Gerade an abgelegenen Ausgangsorten verkehren öffentliche Verkehrsmittel - insbesondere an Wochenenden und Feiertagen - nur ein paar Mal am Tag. Daher empfiehlt es sich, schon vorab die Verbindungen abzuchecken, damit man weiß, zu welcher Uhrzeit man am besten wieder im Tal sein sollte. Gerade bei größeren Intervallen ist das von Bedeutung, denn so kann man z.B. noch einen Einkehrschwung in einer Hütte einlegen, anstatt lange an der Bushaltestelle zu warten.

2 **Ticket beim Einsteigen in den Bus bereithalten**

In Bussen ist es - anders als in Zügen, wo Zugbegleiter:innen die Fahrscheinkontrolle durchführen - gang und gäbe, dass nur die vorderste Tür geöffnet wird. Das erleichtert die Kontrolle für die Busfahrer:innen. Um das Einsteigen zu beschleunigen, macht es also Sinn, das Ticket bereitzuhalten.

3 **Reisezeit sinnvoll nutzen**

Wer auf der An- und Abreise nicht bloß die vorbeiziehende Landschaft genießen möchte, kann sich auch anderweitig beschäftigen. Vor allem bei längeren Strecken kann die Zeit z.B. zum Arbeiten genutzt werden. Viele Busse und Züge verfügen mittlerweile sogar über Wlan. Wer die Arbeit lieber im Büro lässt, kann sich stattdessen Lesestoff mitnehmen. Ist man in einer Gruppe unterwegs, empfehlen sich auch Kartenspiele. Natürlich kann die Zeit auch für die Besprechung der Tourenplanung genutzt werden. Oder aber man führt einfach eine nette Unterhaltung mit seinen Mitreisenden.

4 Kompakt packen

Öffentliche Verkehrsmittel sind leider nicht gerade auf Bergsportler:innen ausgelegt, weshalb Stauraum oftmals Mangelware ist. Vorhandenen Stauraum gilt es also sinnvoll zu nutzen, z.B. indem man den Rucksack unter den Sitzen verstaut. Das funktioniert natürlich nur, wenn der Rucksack selbst kompakt gepackt ist. Ist man müde, stellt ein weicher Rucksack am Schoß auch ein tolles Kissen dar!

5 Augen auf bei der Ticketwahl

Vielfahrer:innen sind hier klar im Vorteil: Wer öfter mit Öffis unterwegs ist, kann Mehrtages-, Wochen-, Monats- oder Jahrestickets ausnutzen und zahlt so - pro Fahrt gerechnet - weniger. Spezifische Angebote für Tirol dafür gibt es auf der Website des VVT. Für Urlauber:innen ist die Nutzung öffentlicher Verkehrsmitteln in vielen Tourismusregionen sogar kostenlos.

VVT Tickets

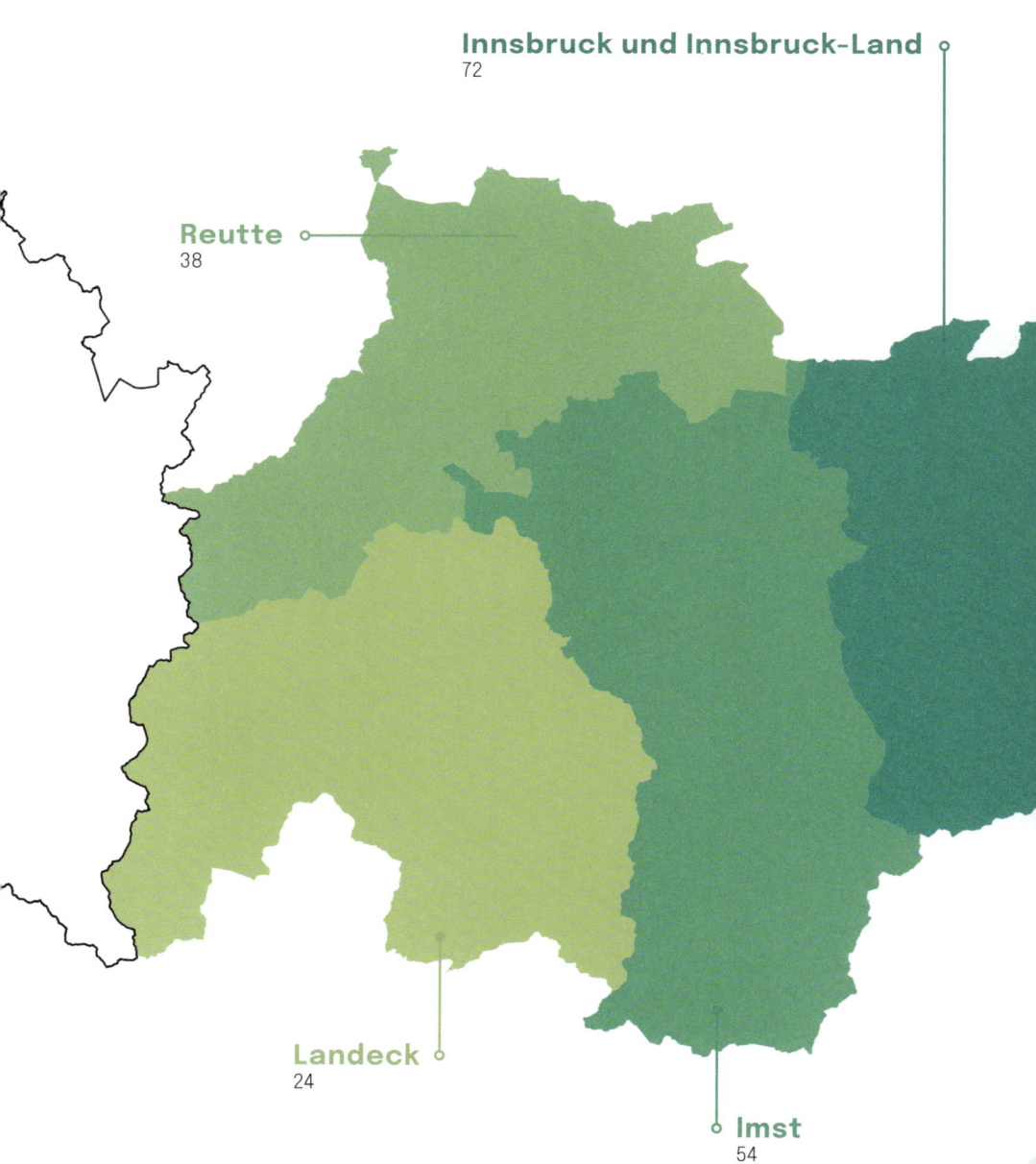

Übersichtskarte

1

Know-How

Rucksack packen	16
Bergwetter	20
Vorteile der Öffi-Anreise	22

Rucksack packen

Tipps für den passenden Rucksack

Simon Widy

Ein effizient gepackter Rucksack kann nicht nur die Bergtour selbst, sondern auch die öffentliche An- und Abreise um einiges erleichtern.

Der richtige Rucksack

Noch bevor es ans Einpacken geht, ist die richtige Rucksackwahl gefragt. Der Rucksack sollte nicht zu groß sein aber trotzdem Platz für alles Notwendige bieten. Bei Tagestouren im Sommer empfiehlt sich ein Fassungsvermögen von 20-30 Liter, für Minimalisten mögen 15 Liter auch genügen. Der Rucksack muss gut sitzen. Einige Hersteller bieten spezielle Damen-Modelle für schmälere Rücken an.

Wie packe ich ein?

Anfangs sollte man sich überlegen, was man als erstes benötigt (oben im Rucksack), was erst später (weiter unten) und was vielleicht doch gar nicht. Zusätzlich ist es für den Schwerpunkt beim Gehen vorteilhaft, schwere Sachen nah am Körper zu transportieren.

Am leichtesten fällt das Einpacken, wenn man das ganze Equipment vor dem Packen z.B. auf dem Bett auflegt und schon einen groben Plan macht.

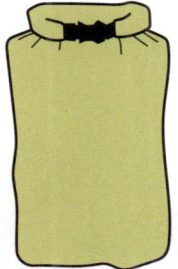

(Kompressions-)Packsäcke verwenden

Um Ordnung im Rucksack zu schaffen und Platz zu sparen, kann man Gewand in Kompressionssäcken oder sog. Packing-Cubes transportieren. Packsäcke gibt es auch in wasserdichter Ausführung, um Wertgegenstände oder Gewand bei Regen trocken zu halten.

Packliste für eine Öffi-Wanderung

- Handy und Powerbank
- Geldtasche mit Ticket (alternativ Plastikbeutel)

Notfallausrüstung

- Erste-Hilfe-Set
- Biwaksack
- Stirnlampe

Gewand

- Regenjacke
- je nach Temperatur genügend Kleidungsschichten
- Haube
- Wechselgewand für die Heimreise (Zumindest T-Shirt und Socken, bei längerer Reise sind zusätzliche Schlapfen oder leichte Schuhe angenehm)

Verpflegung

- genügend Flüssigkeit (Trinkblase oder Flaschen)
- Jause oder Snacks

Zusätzliche Ausrüstung (abhängig vom Vorhaben)

- Wanderkarten
- Klettersteigset
- Helm
- Seil
- Kamera
- Grödel
- Wanderstöcke
- Schlafsack
- Isomatte

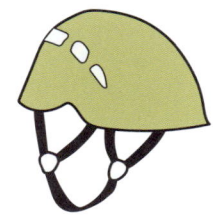

deuter.com

DEUTER IS FOR HIKE AND SEEK

#deuterforever

Bergwetter
David Kurz

Die Atmosphäre schickt uns ihre Wetterzeichen wie eine Erinnerungsmail vor einem Meeting voraus, man müsste sie nur lesen können.

Der sture Blick auf Wetter-Apps am Smartphone ist, wenn man sich in den Alpen aufhält, oft zu wenig. Wichtige topografische Merkmale werden von Wettermodellen unzureichend erfasst, sodass besonders bei stark windigen oder sommerlichen Schauer- und Gewitterlagen erhebliche Abweichungen zur Vorhersage auftreten. In den Bergen ändert sich das Wetter rapide und so sollte man während der Tour auch immer den Himmel im Blick haben.

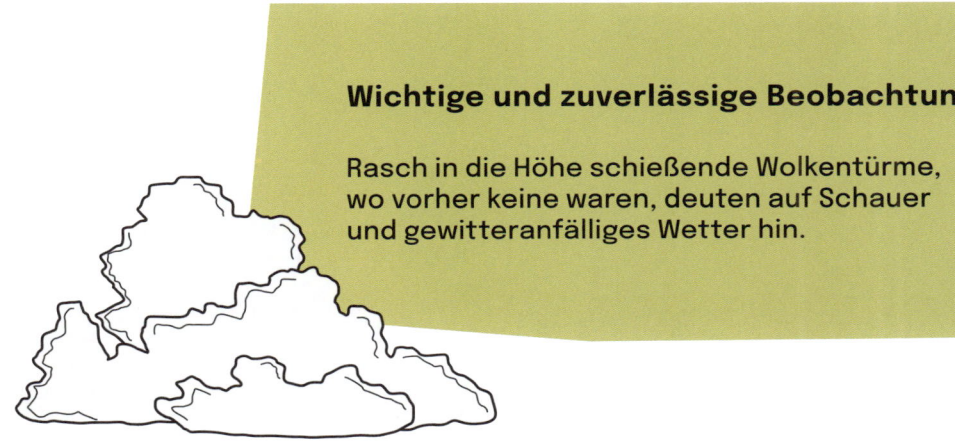

Wichtige und zuverlässige Beobachtung

Rasch in die Höhe schießende Wolkentürme, wo vorher keine waren, deuten auf Schauer und gewitteranfälliges Wetter hin.

Gute Wetterapps und Wetterseiten

Meteoblue

Multimodell für 3 Tage. Weiter in die Zukunft macht die Vorhersage bei den meisten Wetterlagen in den Alpen keinen Sinn. Auch als App verfügbar.

QR-Code
Multimodell am Beispiel Innsbruck

GeoSphere Austria

Nationaler Wetterdienst mit detaillierten Wetterberichten für die einzelnen Bundesländer.

QR-Code
Wetter-bericht für Tirol

Berg frei und gutes Bergwetter!

Vorteile der Öffi-Anreise

Anna Siebenbrunner

Es gibt viele Gründe, warum es sich lohnt, mit öffentlichen Verkehrsmitteln zum Wandern zu fahren - vor allem bei Überschreitungen bietet sich die Öffi-Anreise regelrecht an. Denn so kannst du im einen Tal starten und ins nächste absteigen, ohne dich darum sorgen zu müssen, wie du zu deinem Auto zurückkommst.

Auch auf der Anreise selbst kannst du die Zeit sinnvoll nutzen: Nutze die Fahrt für eine entspannte Tourenplanung, um ein bisschen Schlaf nachzuholen, um mit deinen Begleiter:innen zu tratschen oder um noch schnell auf die Toilette zu gehen. Auf der Rückreise kannst du dir ein kühles Getränk genehmigen, was beim Autofahren schwierig bzw. - je nach Promille verboten wäre.

Neben dem Komfort spricht auch der Klimaschutz für die Anreise mit öffentlichen Verkehrsmitteln. Durch die Reduktion deines CO2-Fußabdrucks kannst du einen wichtigen Beitrag zum Klimaschutz leisten. Auch finanziell und zeitmäßig kann die Anreise mit Bus und Bahn punkten. Im Vergleich zum Auto sparst du nicht nur Parkgebühren, sondern auch die oftmals lästige Parkplatzsuche.
Auf gewissen Strecken ist der Zug sogar die weitaus schnellere Option. Die Wartezeit an der Haltestelle kannst du außerdem für einen Einkehrschwung oder für ein kurzes Sightseeing nutzen

Alles in allem gibt es viele gute Gründe, mit öffentlichen Verkehrsmitteln zum Wandern zu fahren - weit mehr als hier Platz finden. Du tust etwas für deine Gesundheit, für die Umwelt und für deinen Geldbeutel. Die vielfach landschaftlich lohnende Anreise mit Bus oder Bahn kann der perfekte Start für dein Abenteuer sein. Also pack deine Wanderschuhe ein, schnapp dir dein Ticket und genieße die Aussicht in den Bergen!

2

Landeck

Start: Landeck-Zams Bhf

1. Hirschpleiskopf ⛰ 26
2. Hohe Köpfe ⛰ 28
3. Mooskopf 32
4. Radurschlklamm 34
5. Sattelkopf 36

Hirschpleiskopf

über die Leutkircher Hütte

Veronika Schöll

Bei der aussichtsreichen Überschreitung wandert man hoch über dem Stanzertal von St. Anton über die Leutkircher Hütte auf den Hirschpleiskopf nach Pettneu. Wer will mit Seilbahnunterstützung, das spart Körner im Aufstieg. Bewirtschaftete Hütten liegen entlang des Abstieges nach Pettneu.

● mittel   ⏱ 6,5 h   ↗ 500 hm   ↘ 1.600 hm   ↔ 15 km

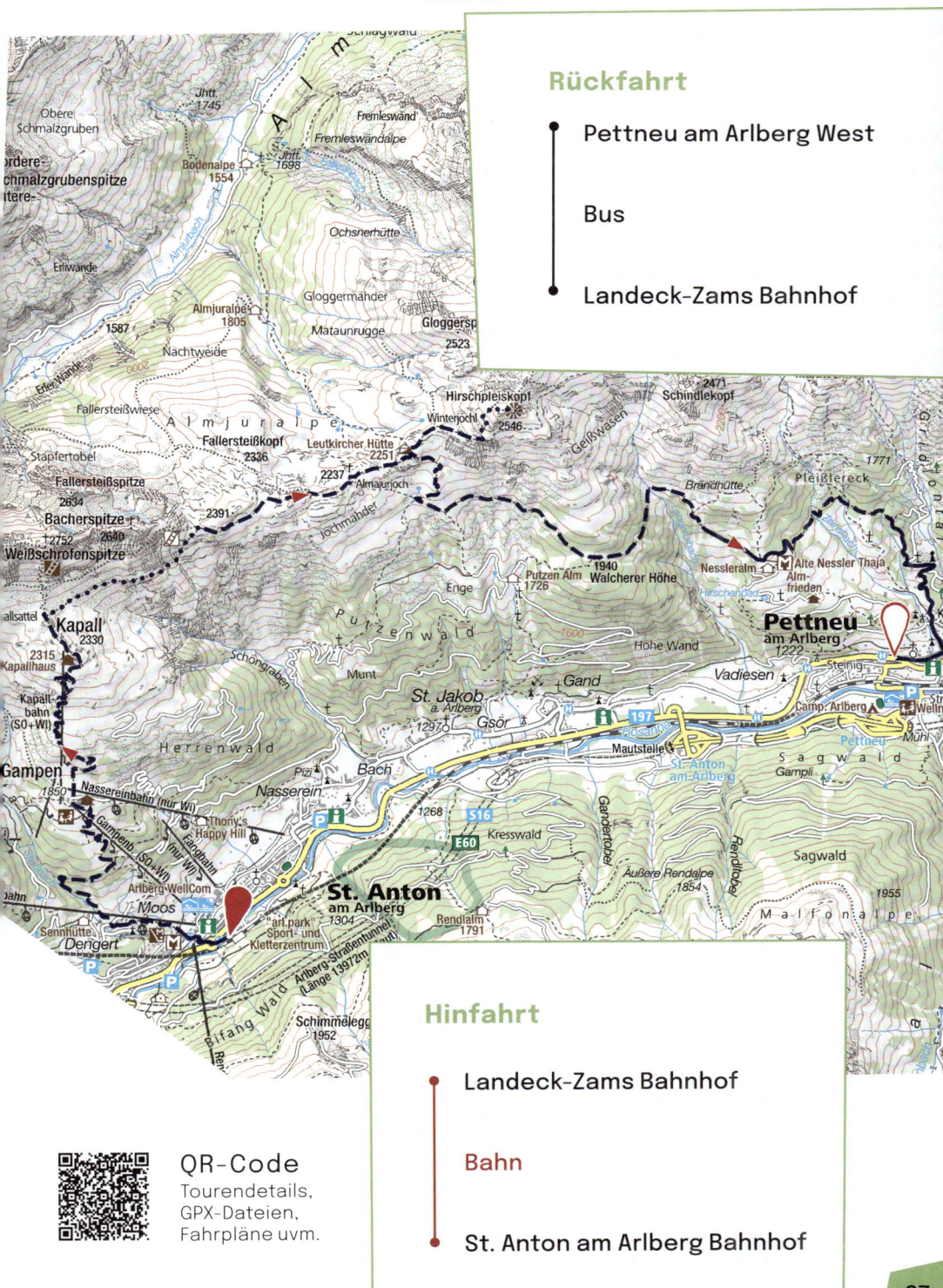

Hohe Köpfe

Rundwanderung

Thomas Obermair

Im Paznauntal kommt man wahrlich auf seine Kosten: Es bietet Bergseen, Gletscher, einen Pass und eine Unmenge an Gipfelmöglichkeiten, eine schöner als die andere. Vom heutigen Ziel, den Hohen Köpfen bei Galtür, erblickt man von allem etwas und die Tour selbst ist tatsächlich auch ein Schmankerl für Bergbegeisterte!

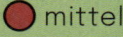 mittel   7 h    1.160 hm    1.190 hm   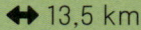 13,5 km

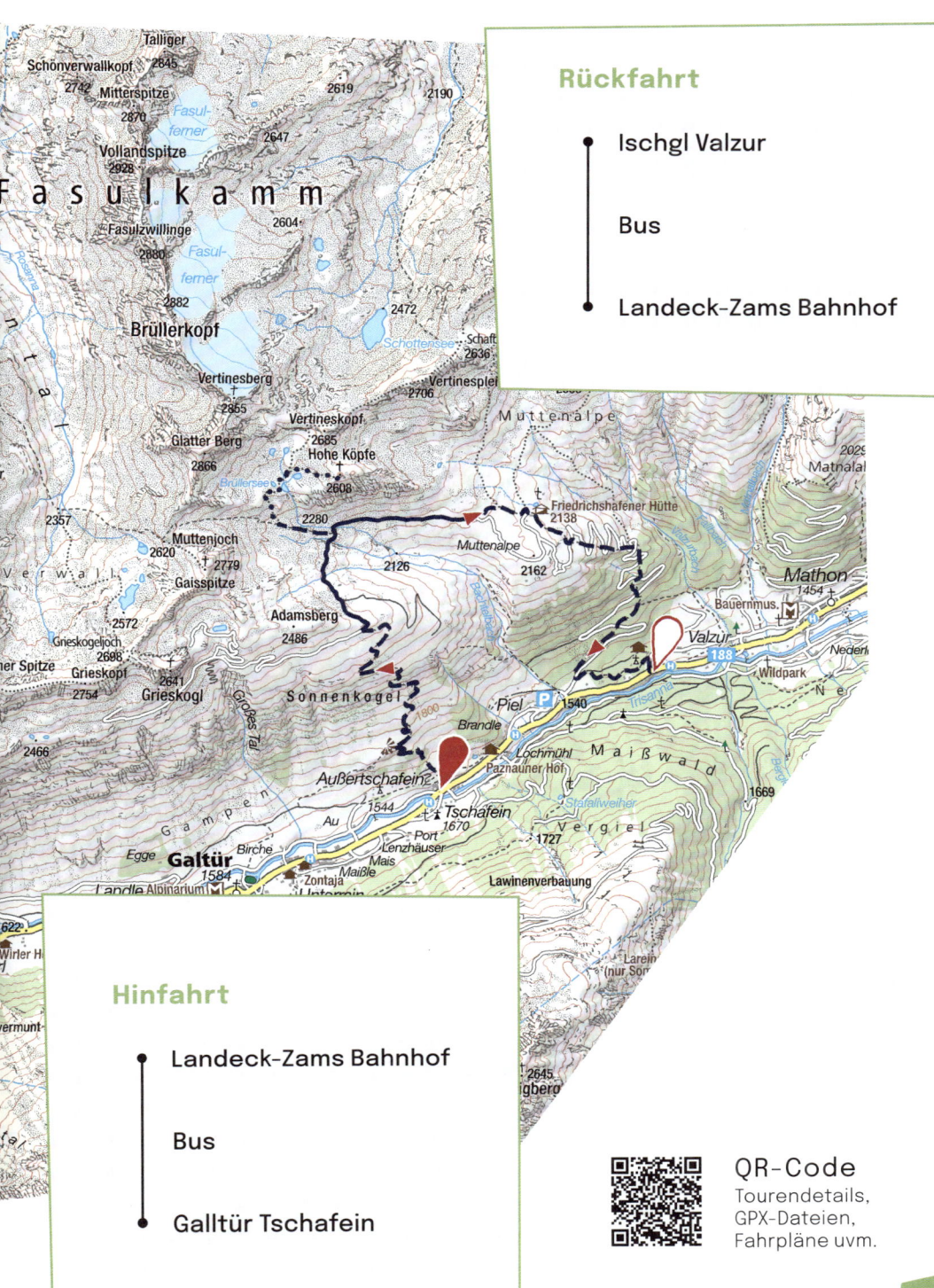

Aufstieg

Am Hang hinter der kleinen Siedlung und der Haltestelle Galtür Tschafein startet die Tour. Man folgt dem Wiesenpfad bergauf und kommt nach wenigen Minuten auf einen Forstweg. Der Straße folgt man rechterhand bis zu Wegweisern an einer Heuhütte. An dieser geht man bergauf und immer weiter den Weg aufwärts!

In angenehmer Steigung über einen eher schmalen Weg geht es jetzt ein Stück bergauf. Die hohen Köpfe sind bei einigen Wegweisern nicht angeschrieben, man hält sich in Richtung Sonnenkogel, einem kleinen Zwischenziel mitten im Aufstieg, bzw. Friedrichshafener Hütte. Ab und zu zeigen Schilder auch den Themenweg "Adamsberg" an.

Kurz vor Ende des steilen Talanstiegs finden sich viele Lawinenverbauungen, um die Einwohner:innen von Galtür vor den von den steilen Hängen abrutschenden Schneemassen zu schützen. Bei einer Bauhütte auf der Anhöhe sollte man sich kurz Zeit nehmen, um den Ausblick zu genießen!

Beim Blick in Richtung des Gipfelziels führt die Forststraße leicht bergab. In einer Kurve zweigt man links ab und folgt dem Wanderweg ein paar Minuten. Dann erreicht man einen mit vielen Steinen befestigten Wegweiser, der den etwas steileren Seitenhang hinauf führt.

Es folgt ein kurzes Auf und Ab, vorbei an kleinen, tiefschwarzen Seen mit herrlichem Ausblick auf die andere Seite des Paznauntals. Kurz bevor man zum steilen Gipfelhang kommt, könnte man links auf den Grat Richtung Vertinespleiskopf abbiegen. Hier quert man aber nochmals eine Ebene und folgt dem Wanderweg zum Gipfelkreuz der Hohen Köpfe.

Nach dem Gipfel bricht man in Richtung Friedrichshafener Hütte auf – weit kann es nicht sein, man kann sie vom Gipfel schon erblicken!

Abstieg

Bis zur Forststraße folgt man dem Aufstieg. Bei Stellen mit Blockwerk gibt man im Abstieg besonders Acht, sie können rutschig sein. Wieder in der Kurve angekommen, geht man jetzt bergab weiter in Richtung Friedrichshafener Hütte. Nach ein paar Gehminuten ergibt sich bei einer Kurve die Möglichkeit zum Abkürzen!

Ab der Hütte steigt man auf einem "Shared Trail" ab, hier sind also auch Mountainbiker:innen unterwegs. Doch der Weg ist schön und meist angenehm breit. Immer wieder quert man die Straße, die die Friedrichshafener Hütte mit dem Tal verbindet. Erst kurz vor dem Tal kommt eine Kreuzung, die mit Galtür und einem Bus Symbol beschildert ist. Dort biegt man nach Rechts ab.

Jetzt ist es nicht mehr weit bis zum Ende der Tour. Einmal quert man noch die Straße, kurz danach sieht man schon die Hauptstraße. Jetzt muss man links abbiegen, um über den Forstweg und später rechts vorbei an einer Hütte (Schießstand) in die nächste Siedlung zu gelangen. Gut zu wissen: In der Siedlung gibt es einen Brunnen, vor der Heimreise kann man nochmals die Flasche auffüllen!

Tipp

Zu einer deutlich runderen Tour wird es, wenn man an den hohen Köpfen vorbei in Richtung des Grates über den Vertineskopf und den Vertinespleiskopf bis ins Schafbichljoch übersteigt. Von dort führt ein Pfad zur Friedrichshafener Hütte. Diese Alternative ist allerdings nur Bergsteiger:innen mit Erfahrung zu empfehlen.

Mooskopf

über Verpeilhütte

Thomas Obermair

Erholung pur bietet dieser Ausflug zur Verpeilhütte im Kaunertal, die von eindrucksvollen Berggipfeln und Jochen umgeben ist! Die gemütlichste Verlängerungsvariante auf den Mooskopf beschreiben wir euch auch - das anstrengendste Stück bleibt die Forststraße vom Talboden hinauf. Diese kann man über den Knappensteig vorbei an zwei Bergwerksstollen, oder die Verpeilschlucht etwas interessanter gestalten!

● mittel   ◷ 6 h   ↗ 1.300 hm   ↘ 1.300 hm   ↔ 15 km

Landeck

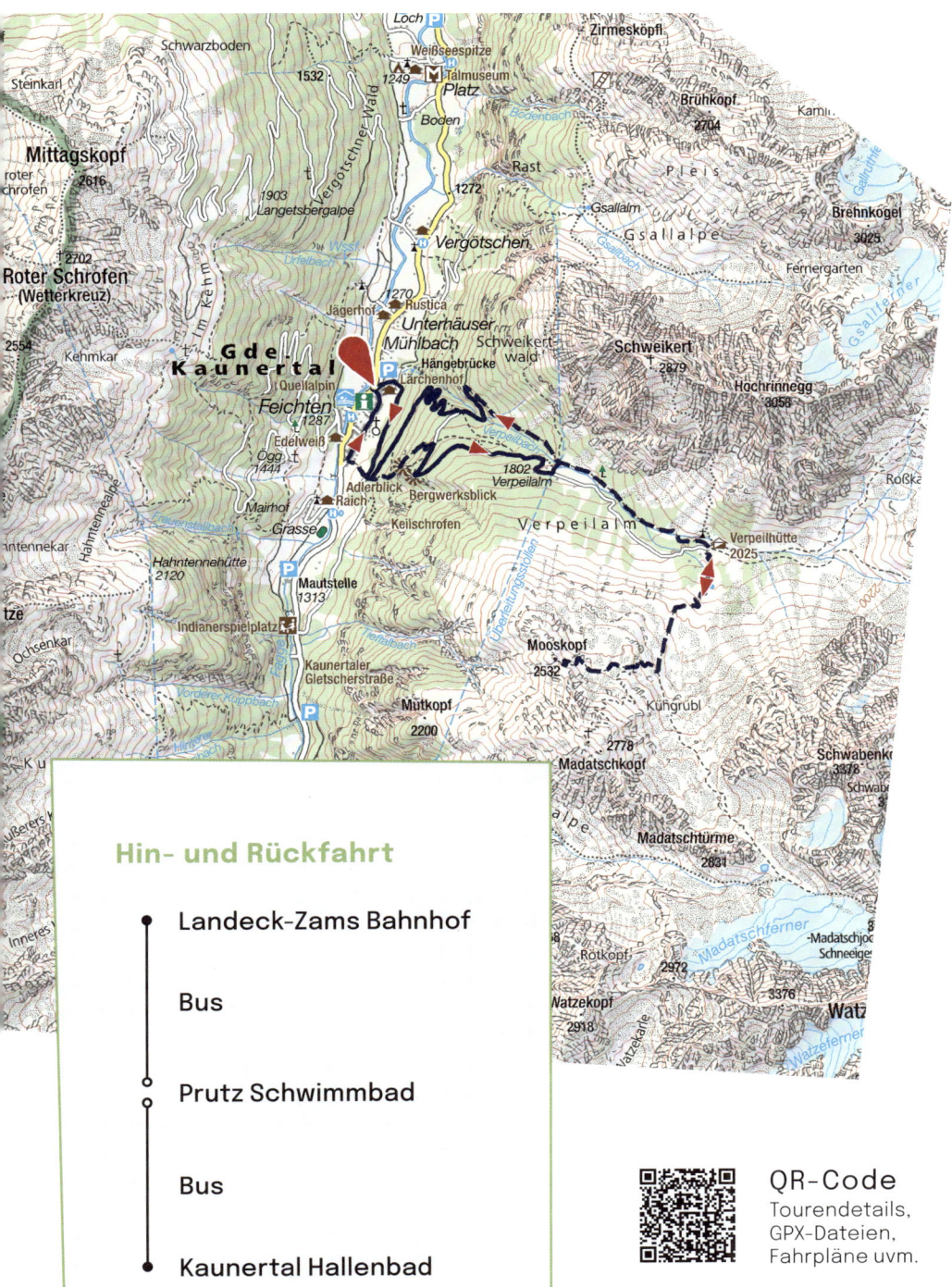

Hin- und Rückfahrt

- Landeck-Zams Bahnhof
- Bus
- Prutz Schwimmbad
- Bus
- Kaunertal Hallenbad

QR-Code
Tourendetails,
GPX-Dateien,
Fahrpläne uvm.

Radurschlklamm

David Kurz, Thomas Obermair, Anna Siebenbrunner

Die Radurschlklamm bei Pfunds ist ein ideales Ausflugsziel für eine gemütliche Wanderung mit der ganzen Familie. Der Weg führt über zahlreiche Holzbrücken am Radurschlbach entlang. Die Einkehrmöglichkeit am Ende der Klamm macht diese Tour zu einer besonders attraktiven.

leicht 2-3 h 400 hm 400 hm

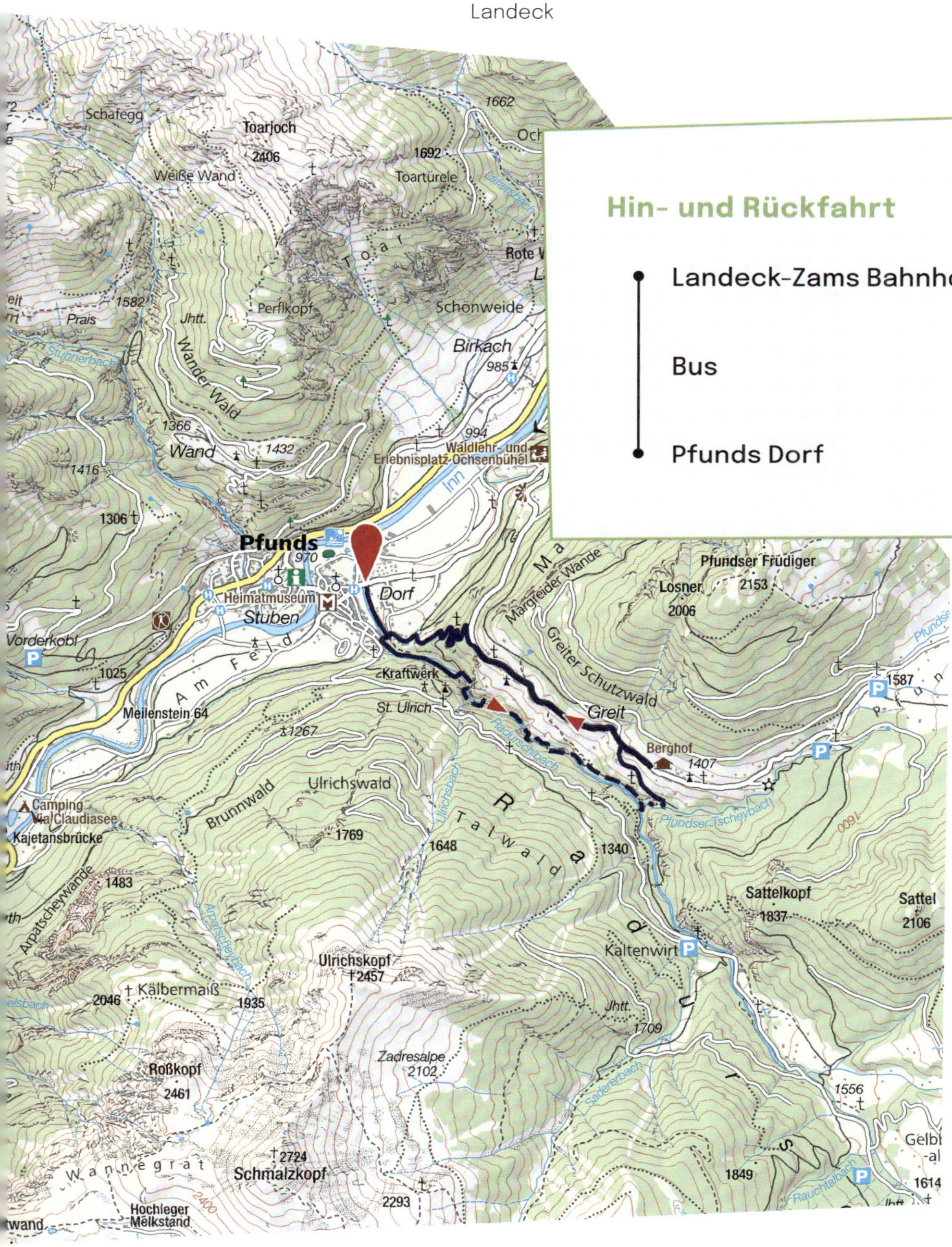

Landeck

Hin- und Rückfahrt

- Landeck-Zams Bahnhof
- Bus
- Pfunds Dorf

QR-Code
Tourendetails,
GPX-Dateien,
Fahrpläne uvm.

5

Sattelkopf

Simon Widy

Bereits wenige Meter nach dem Bahnhof in St. Anton erkennt man das überproportional große Gipfelkreuz des Sattelkopfes, welcher zwischen den höheren Gipfeln im Arlbergmassiv etwas untergeht. Die Entscheidung ist gefallen, dass er dennoch einen Besuch wert ist! Auf jeden Fall eine Empfehlung.

● mittel   ⏲ 5-6 h   ↗ 750 hm   ↘ 750 hm   ↔ 13 km

Hin- und Rückfahrt

● Landeck-Zams Bahnhof

Bahn

● St. Anton am Arlberg Bahnhof

 **QR-Code** Tourendetails, GPX-Dateien, Fahrpläne uvm.

3

Reutte
Start: Reutte Bhf

6 Drachensee		40
7 Fernpass-Runde	⛰	42
8 Gaichtspitze		44
9 Kohlbergspitze		48
10 Kreuzspitze	⛰	52

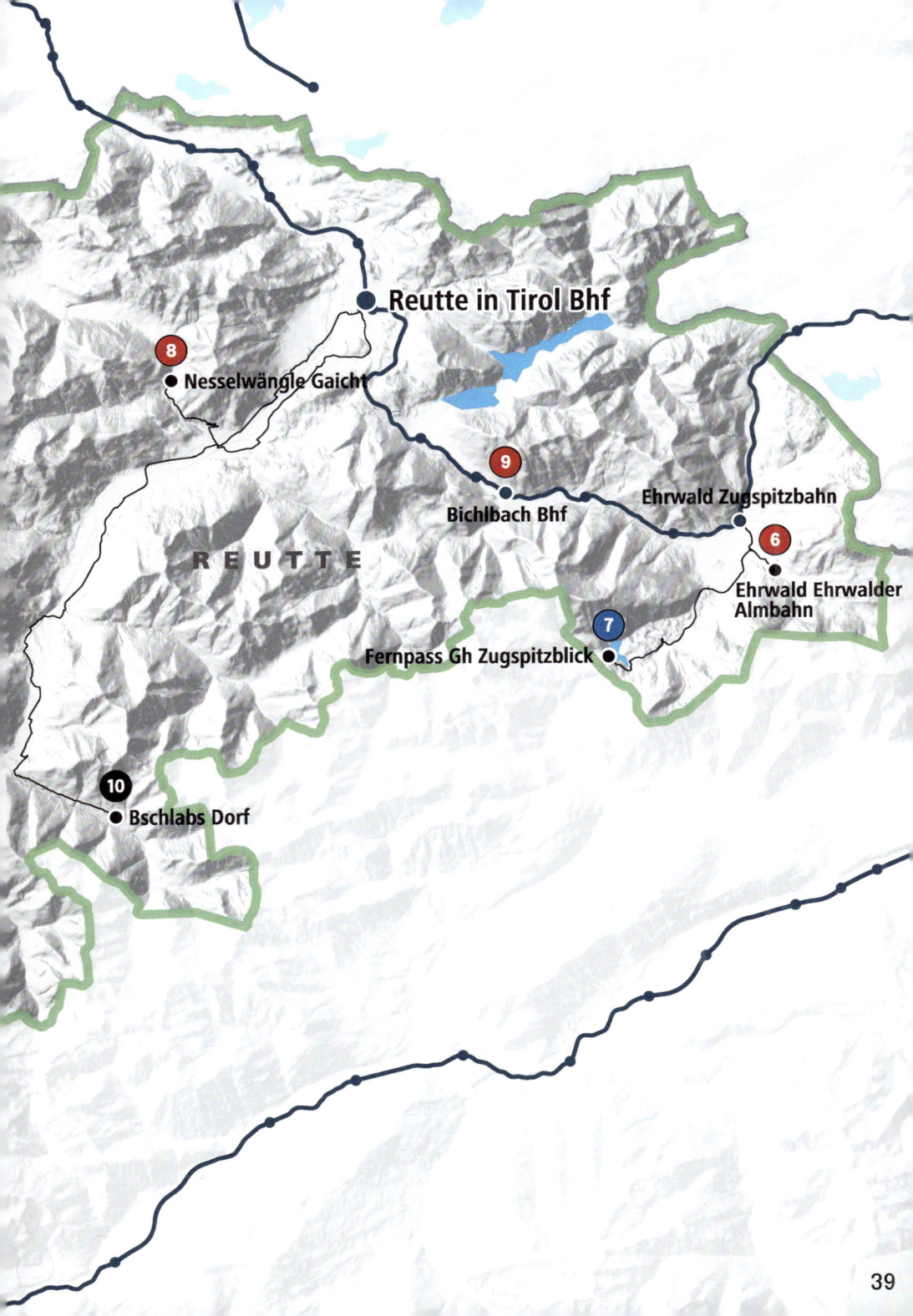

Drachensee

Sophia Mpalampanis

Anspruchsvolle Tour mit spektakulärer Aussicht von der Talstation der Ehrwalder Almbahn über den Hohen Gang zum Seebensee und zum Drachensee. Etwas gemütlicher geht es zum Seebensee von der Bergstation mit Seilbahnunterstützung. Diese leichte Wanderung ist dann auch für Familien geeignet.

● mittel   🕐 6 h   ↗ 800 hm   ↘ 400 hm   ↔ 11 km

Reutte

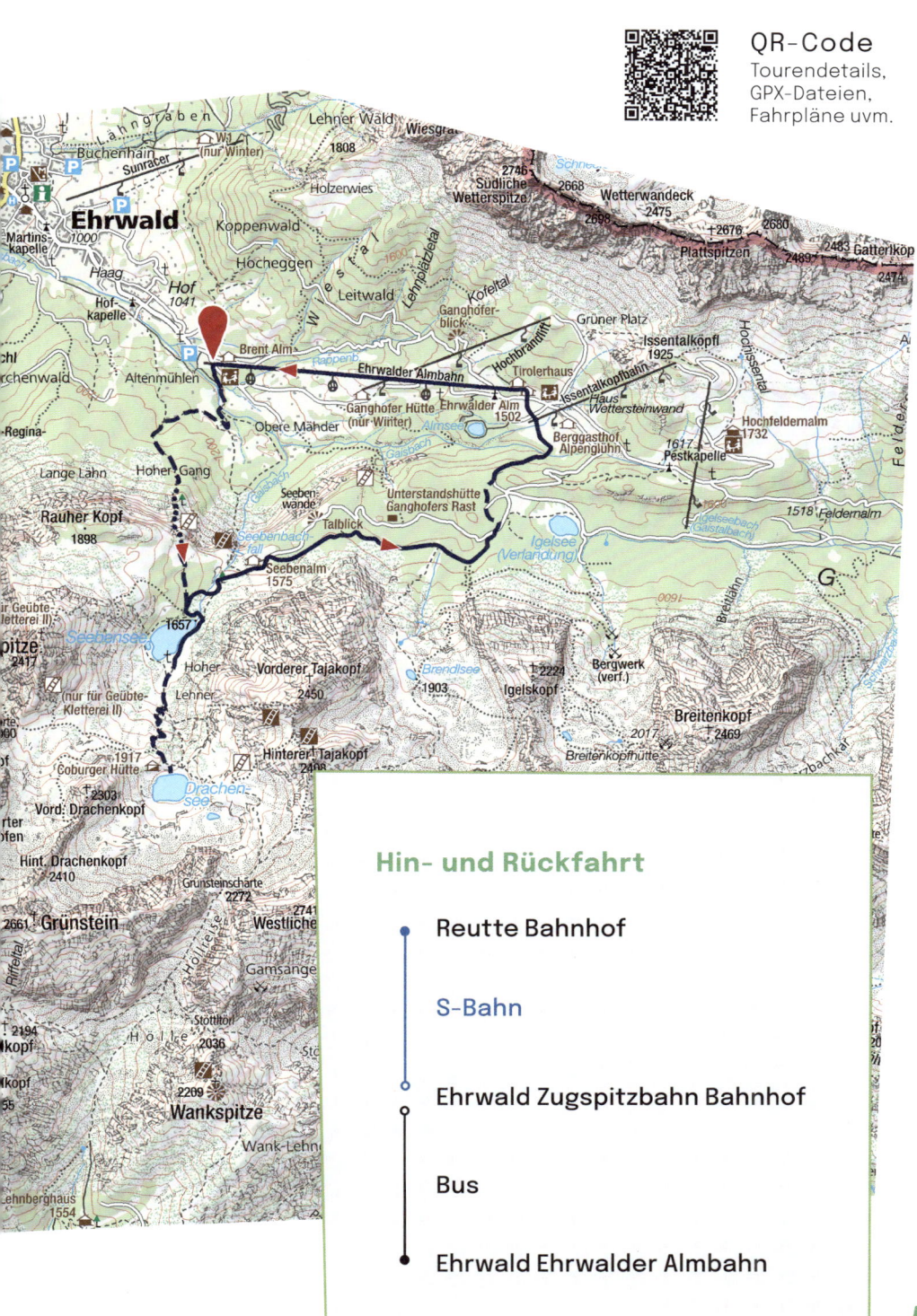

QR-Code
Tourendetails,
GPX-Dateien,
Fahrpläne uvm.

Hin- und Rückfahrt

- Reutte Bahnhof
- S-Bahn
- Ehrwald Zugspitzbahn Bahnhof
- Bus
- Ehrwald Ehrwalder Almbahn

Fernpass-Runde

Fernpass, Blindsee, Mittersee, Loisachquellen, Biberwier
Thomas Obermair

In der Fernpass-Region gibt es unzählige lohnenswerte Spaziergänge in der umliegenden Natur! Zu jeder Seite des Passes liegen dichte Wälder und hohe Berge. Besonders eindrucksvoll sind die vielen Seen der Gegend. Über den Blindsee, den Mittersee und die Loisachquellen schreiten wir durch romantische Wälder gegen Norden bis Biberwier.

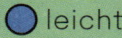 leicht 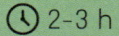 2-3 h  140 hm  330 hm 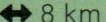 8 km

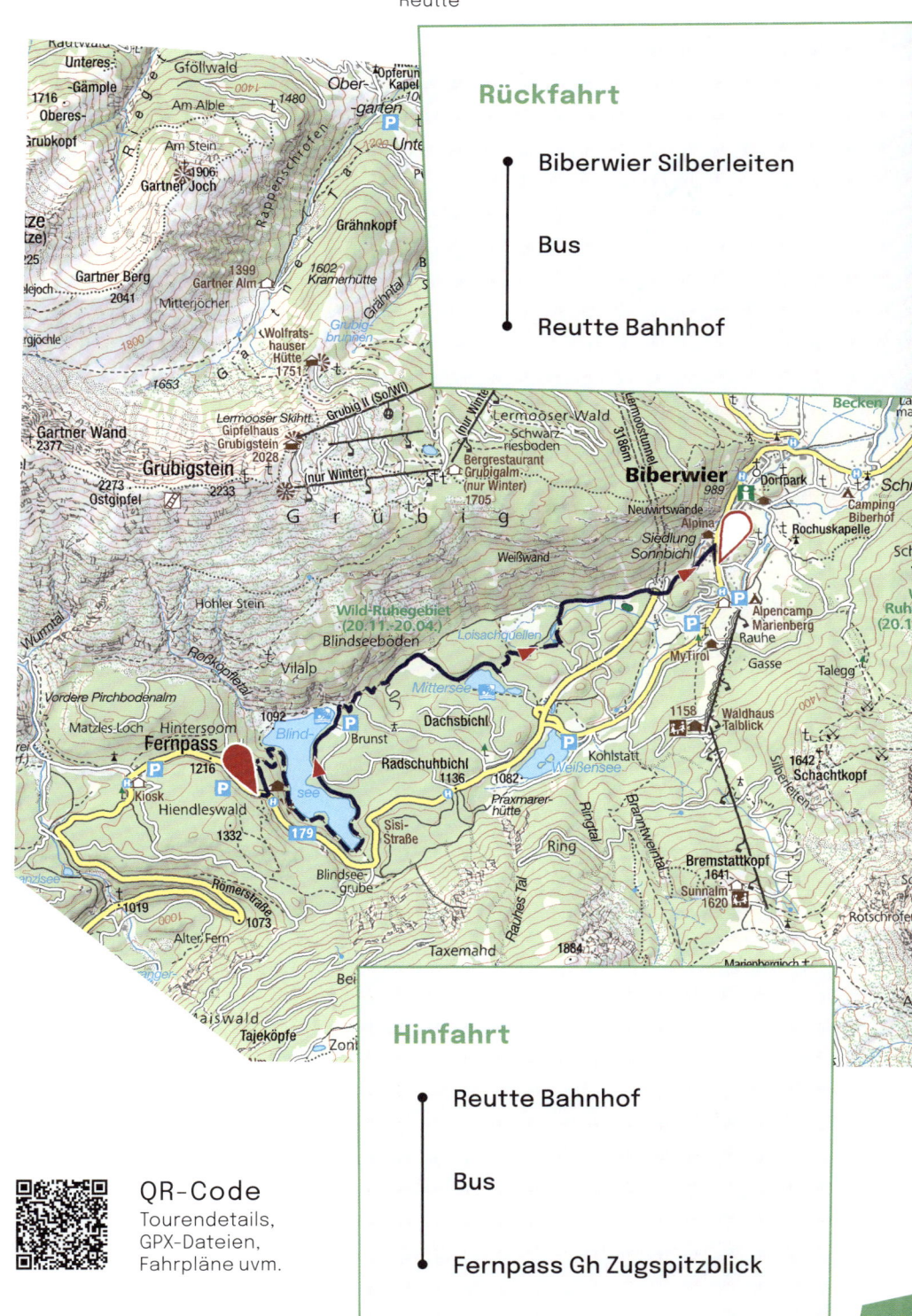

Gaichtspitze

Aussichtsberg im Tannheimer Tal

David Kurz

Zwischen der Ferienregion Reutte in Tirol, dem Tannheimer Tal und dem Lechtal liegt sie wunderschön, kegelförmig geformt am östlichen Rande der Allgäuer Alpen, die Gaichtspitze. Von ihrem Gipfel aus hat man eine herrliche Aussicht in alle drei Gebiete.

mittel · 3 h · ↗ 900 hm · ↘ 900 hm · ↔ 6 km

Reutte

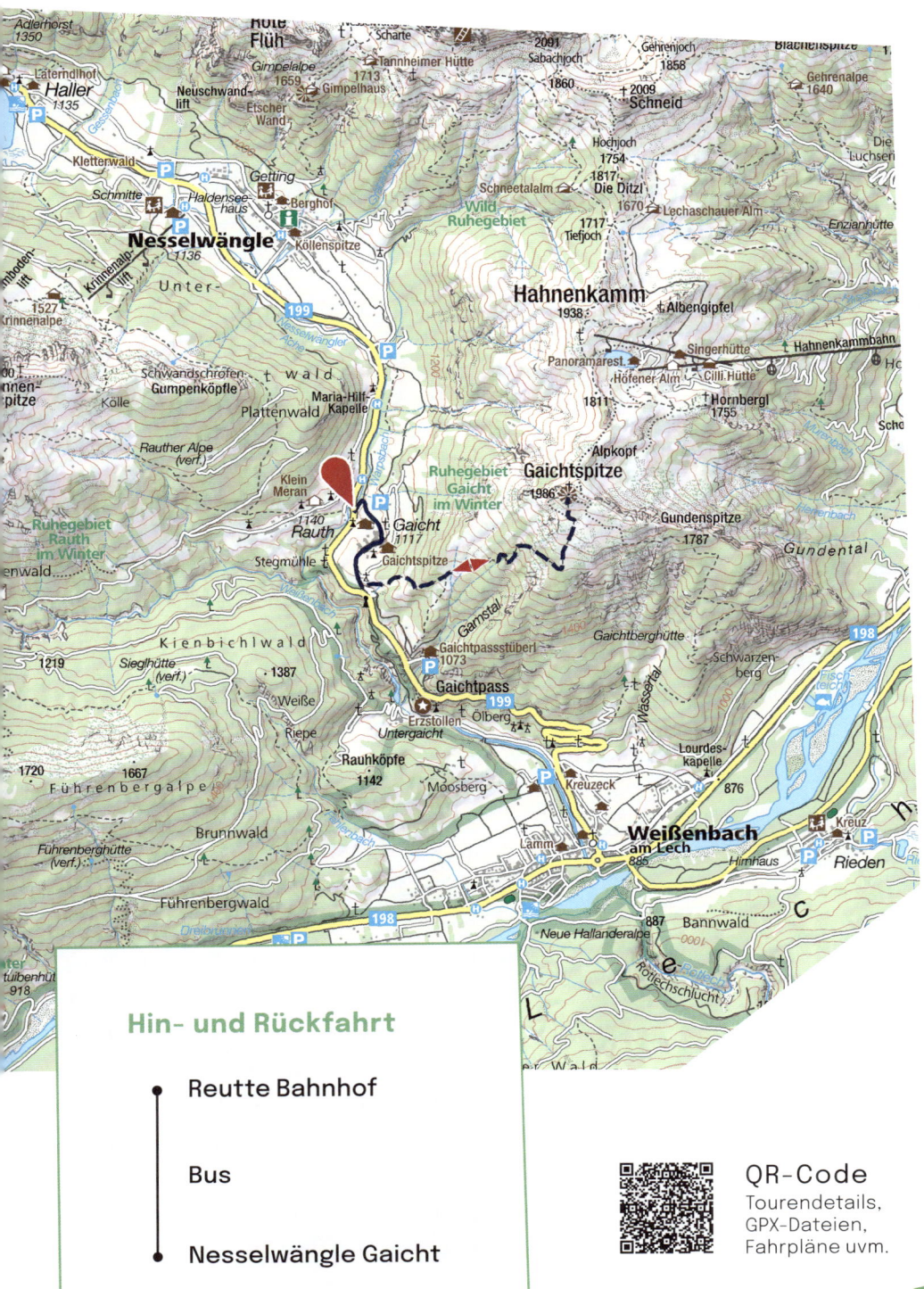

Hin- und Rückfahrt

- Reutte Bahnhof
- Bus
- Nesselwängle Gaicht

QR-Code
Tourendetails,
GPX-Dateien,
Fahrpläne uvm.

45

Aufstieg auf die Gaichtspitze

Bei der Haltestelle Nesselwängle Gaicht verlässt man den Bus. Hinter einem Wanderparkplatz führt eine Zufahrtsstraße in den Ort, die mit alten urigen Bauernhäusern gesäumt ist. Danach zieht ein langer Bogen nach links um eine Geländekuppe herum in den Wald hinein. Im Aufstieg wechseln Wald und Lichtungen einander ab. Der Weg ist hier gut markiert und ausgetreten.

Rund 200 m unterhalb des Gipfels kommt das Kreuz in Sichtweite. Wenn man nach Süden blickt, sieht man die breiten Mäander des Lechs. Daran angrenzend erhebt sich im Südwesten die beeindruckende Felsformation der Leilachspitze. Segelflieger am Gipfel der Gaichtspitze mit Blick ins Lechtal.

Wenige Meter vor dem Gipfel, nahe den steil abfallenden Nordhängen, bietet sich ein lohnender Blick ins Tannheimer Tal an. Nach rund 2,5 h Aufstieg ist man schließlich am Gipfel angekommen und es eröffnet sich ein Blick über die sanften Grashänge des angrenzenden Skigebiets Hahnenkamm bei Reutte, die bekannten Felstürme von Gimpel und Rot Flüh bis hin zur Gehrenspitze und ins Tannheimer Tal hinunter.

Abstieg zurück nach Gaicht

Der Rückweg erfolgt auf dem gleichen Weg zurück zum Ausgangspunkt nach Gaicht, den man nach maximal 2 h erreicht hat. Je nach Bedarf kann man im Restaurant Klausenstüberl übernachten oder im Gasthof Gaichtspitze bei einem Getränk entspannen und regionale Speisen genießen.

Anzeige

Vielseitige Mobilität für das Land

Wer an öffentlichen Verkehr denkt, denkt meist an Busse und Züge. Dabei sieht der ÖPNV der Zukunft viel diverser und vielseitiger aus. Der Verkehrsverbund Tirol setzt neben Bahn und Bus auf flexible und innovative Mobilitätsangebote.

Öffi fahren ist nachhaltig, entspannt und günstig. Der Verkehrsverbund Tirol versteht sich dabei als ganzheitlicher Mobilitätsverbund und arbeitet daran, das Angebot im Land stetig auszubauen und zu verbessern. In Zusammenarbeit mit Verkehrs- und Bahnunternehmen organisiert der VVT den öffentlichen Verkehr in ganz Tirol. Die Inntalfurche ist durch das Angebot der ÖBB auf der Schiene besonders gut und verlässlich erschlossen. Mit über 350 Regiobus-Linien wird abseits des Inntales und in den Tälern nachhaltiges Vorankommen ermöglicht.

Flexible Angebote

Damit das Öffi-Angebot nutzerfreundlich und alltagstauglich ist, kommt der sogenannten ersten und letzten Meile eine besondere Bedeutung zu. Gemeint sind damit die Wege bis zur nächsten Haltestelle sowie von der Ausstiegshaltestelle zum Ziel. Für diese ersten und letzten Meter werden neue Mobilitätsservices immer wichtiger. Dazu zählen flexible Lösungen wie Anrufsammeltaxis, das On-Demand-Shuttle RegioFlink oder das VVT-RegioRad. Mit ihnen kommt man schneller zum Bahnhof oder zur Bushaltestelle und kann mehr Wege mit den öffentlichen Verkehrsmitteln zurücklegen. Denn klar ist: mit einem ganzheitlichen Mobilitätsangebot ist der ÖPNV zukunftsfit und bringt die Menschen verlässlich und umweltfreundlich durch das ganze Land.

Kohlbergspitze

Anna Siebenbrunner

Das außergewöhnlich riesige Gipfelkreuz der Kohlbergspitze ist, genau wie die Aussicht Richtung Zugspitze und Fernpassgebiet, ein großes Highlight dieser Wanderung. Der Wanderweg dorthin ist mitunter steil, dafür stets gut markiert und in gutem Zustand. Das letzte Stück zum Gipfel ist weder in puncto Schönheit noch Steilheit zu übertreffen.

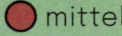 mittel   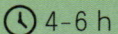 4–6 h    1.150 hm    1.150 hm   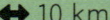 10 km

Hin- und Rückfahrt

- Reutte Bahnhof
- S-Bahn
- Bahnhof Bichlbach

QR-Code
Tourendetails,
GPX-Dateien,
Fahrpläne uvm.

Kreuzspitze

Überschreitung

David Kurz

Das Lechtal und seine Alpen haben ein ganz besonderes Flair. Touristisch weniger erschlossen und wenig begangene, eher unbekannte Bergwege wirken mystisch und zugleich sehr beruhigend in dieser hektischen und schnelllebigen Zeit. Mächtige, langgezogene Grate wechseln sich mit steilen, artenreichen Blumenwiesen. Besonders empfehlenswert sind der Frühsommer oder Herbst, wenn die Natur ihre volle Farbenpracht zeigt.

● schwer   🕐 5 h   ↗ 1.200 hm   ↘ 1.400 hm   ↔ 12 km

Rückfahrt

- Elmen Gemeindeamt
- Bus
- Reutte Bahnhof

Hinfahrt

- Reutte Bahnhof
- Bus
- Bschlabs Dorf

QR-Code
Tourendetails,
GPX-Dateien,
Fahrpläne uvm.

Aufstieg auf die Bschlaber Kreuzspitze

Ab der Bushaltestelle Bschlabs Dorf folgt man zuerst der Hauptstraße, geht unmittelbar am Gasthof zur Gemütlichkeit vorbei und biegt am Gebäudeeck rechts in die Asphaltstraße ein. Diesem Weg folgt man bis zu den letzten Häusern oberhalb von Bschlabs.

Am Ortsende weisen Wegmarkierungen 90 zur Bortigscharte. Wiesen und Almflächen wechseln sich mit kurzen Waldstücken ab. Etwas oberhalb der Waldgrenze wendet sich der Weg etwas gegen Osten, das Gelände wird steiler und der Pfad schmaler.

Der Steig zur Scharte ist an einer Stelle abgerutscht. Bitte um Vorsicht und wachsame Augen! Ab der Scharte folgt man dem westlichen Teil des Anhalter Höhenwegs (Weg 17), welcher auch an der Stablalm vorbeiführt.

Der weitere Verlauf des Weges ist wegen der wuchernden Disteln und krautigen Pflanzen recht schwer zu finden. Flacher als zuvor windet sich der Weg über den abgerundeten Grat nach Nordwesten. Das letzte Stück, etwa 50 hm zum Gipfel, wird dann noch kurz richtig steil. Am Gipfel wird man dafür mit einer prächtigen Aussicht belohnt.

Wichtig!

Die Überschreitung der Kreuzspitzen, von Bschlabs nach Elmen, kann nur in den Sommermonaten begangen werden, da zwischen Anfang Oktober und Frühjahr, abhängig von der Schneelage, kein Bus übers Hahntennjoch verkehrt.

Abstieg über Mittlere und Elmer Kreuzspitze nach Elmen

Vom Gipfelkreuz auf der Bschlaber Kreuzspitze (2462 m) steigt man genau auf der Kammlinie Richtung Norden auf die mittlere Kreuzspitze (2496 m) zu. Die Aussicht ist bei der Gratüberschreitung hervorragend. Von der Mittleren auf die Elmer Kreuzspitze (2480 m) geht es zunächst links an einem kleinen Felsvorsprung mit Seilversicherung vorbei. Danach steigt das Gelände wieder an.

Beim Gipfel der Elmer Kreuzspitze angekommen hat man die letzten Höhenmeter der Tour geschafft. Nach einer Stärkung beginnt der Abstieg nach Elmen hinunter. Am Kreuz rechts vorbei auf einem Nordwestkamm schlängelt sich der Weg über steiles schottriges, im unteren Abschnitt erdiges Gelände. Am Ende des Grates biegt der Weg nach links in einen steilen Grashang ein. Nach der Querung eines weiteren steilen Gras-Hanges, führt der Pfad hinunter auf eine ebene Fläche mit einer Jagdhütte. Danach steigt man weiter durch den immer dichter werdenden Wald hinunter.

Es folgt ein Rechtsknick des Weges. Man quert den Hang nach Westen, überquert einen Bach. Zuerst ist der Wald ausgelichtet, teilweise geschlägert, danach wird er vor der Stablalm nochmals sehr dicht. Ab der Jausenstation Stablalm kann man entweder den Forstweg oder den direkten Steig nach Elmen nehmen.

Am Ende der Tour kommt man am beeindruckenden Wasserfall am Edelbach vorbei. Um zur Busstation Elmen Gemeindeamt im Ortskern zu gelangen, überquert man den Edelbach und folgt einer geraden breiten Straße in südwestlicher Richtung. Gegenüber eines Spar-Marktes befindet sich dann die Einstiegshaltestelle.

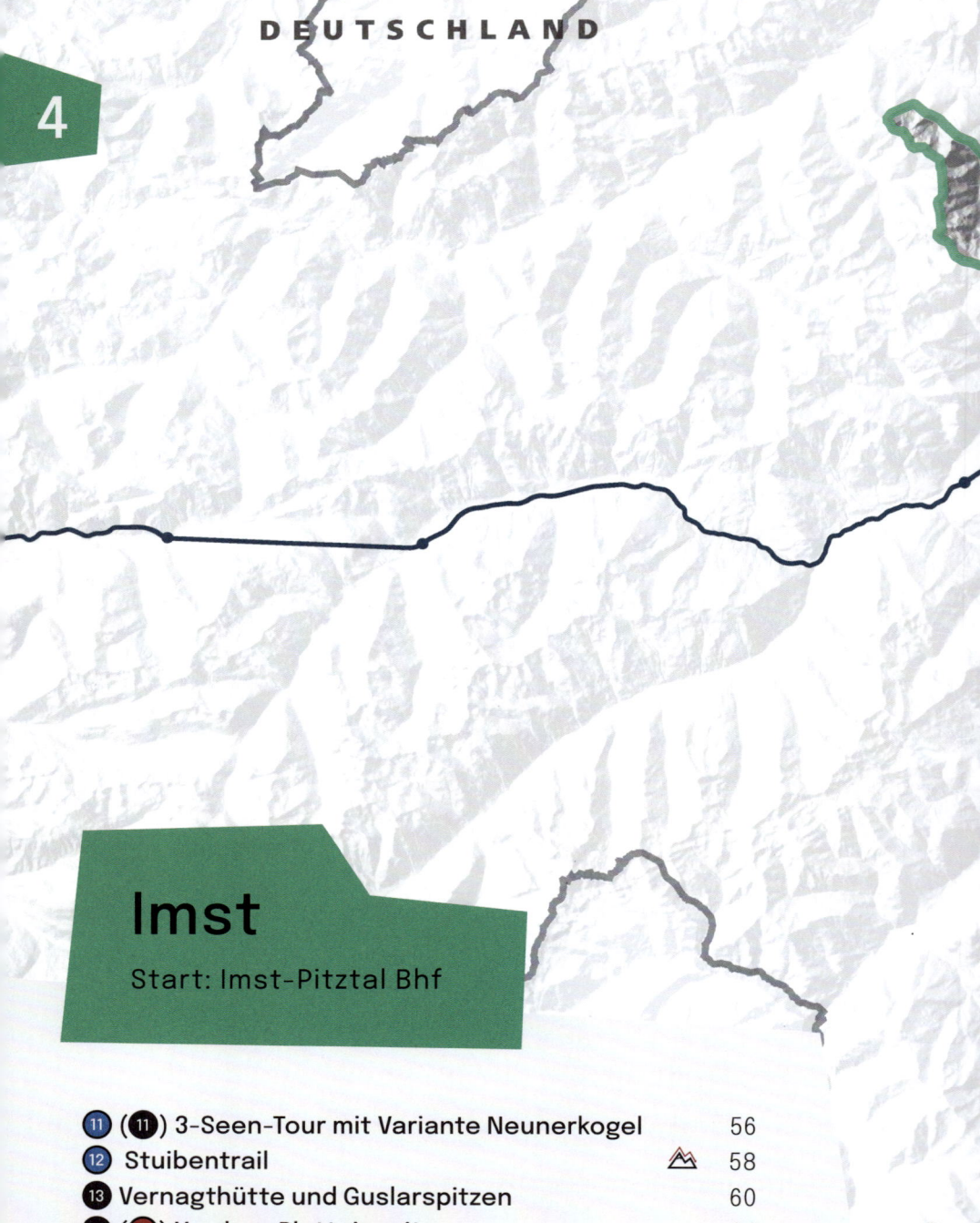

4

DEUTSCHLAND

Imst

Start: Imst-Pitztal Bhf

11	(11) 3-Seen-Tour mit Variante Neunerkogel	56
12	Stuibentrail	58
13	Vernagthütte und Guslarspitzen	60
14	(14) Vordere Platteinspitze	64
15	(15) Wallfahrtsjöchl	68
16	Zwölferköpfl	70

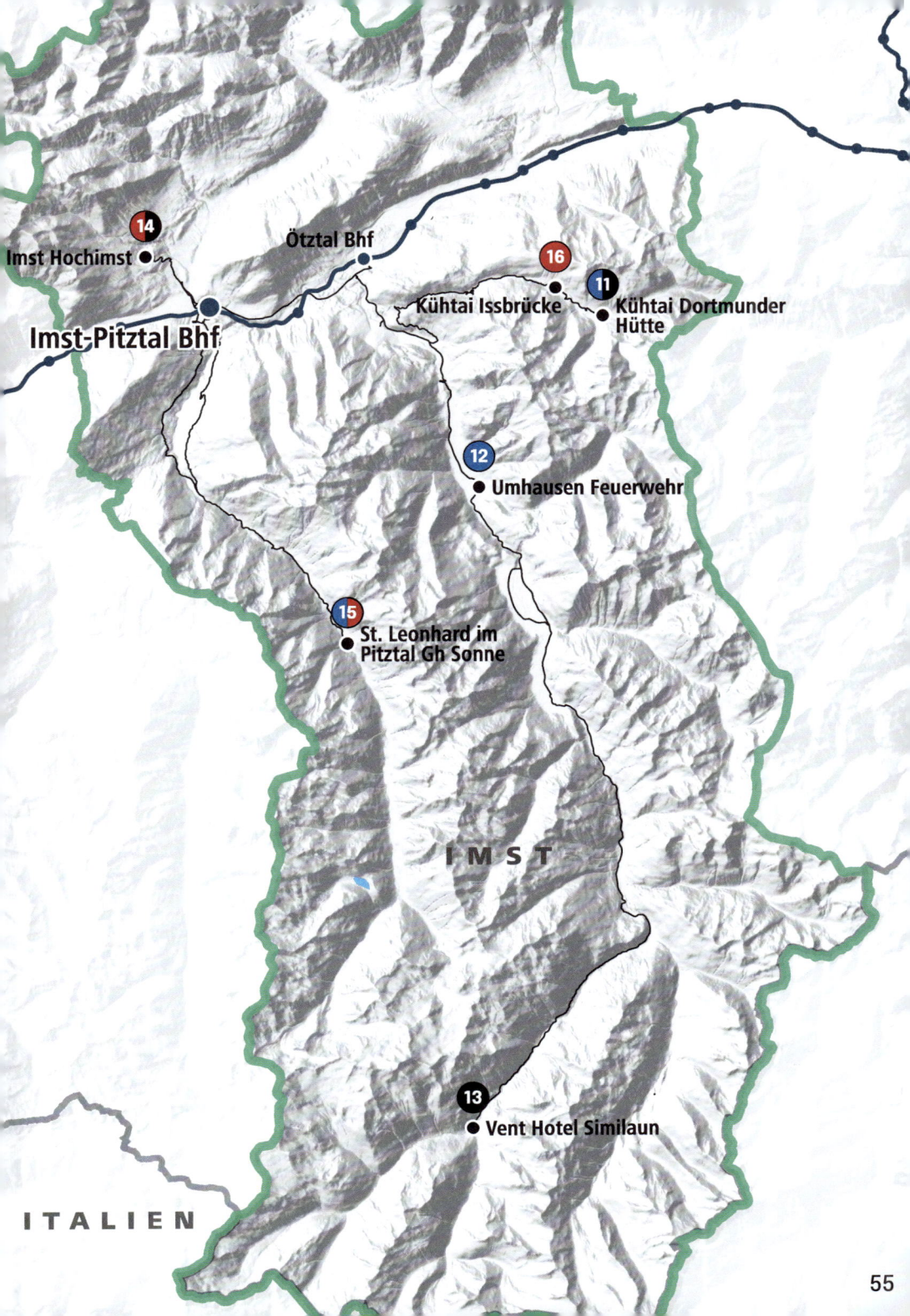

3-Seen-Tour mit Variante Neunerkogel

Simon Widy

Die 3-Seen-Runde ist eine einfache Tour im Kühtai, die je nach Interessen um einen Gipfel erweitert werden kann. Da der Bus bereits bis Seehöhe 2000m fährt, halten sich die zu bewältigenden Höhenmeter in Grenzen. Ohne Erweiterungen ist die Tour somit für weniger ambitionierte Wanderer machbar und in jedem Fall ein Erlebnis.

leicht (schwer)   3-4 h   600 hm   600 hm   8 km

Imst

Rückfahrt

- Kühtai Ort
- Bus
- Imst-Pitztal Bahnhof

Hinfahrt

- Imst-Pitztal Bahnhof
- Bus
- Kühtai Dortmunder Hütte

QR-Code
Tourendetails,
GPX-Dateien,
Fahrpläne uvm.

57

Stuibentrail

Mit tosendem Wasserfall

David Kurz

Der Stuibenfall in Niederthai im Ötztal ist der größte Wasserfall in Tirol. Mit insgesamt 5 Aussichtsplattformen kann man seine imposante Größe richtig wahrnehmen. Wegen der beeindruckenden Fallhöhe von fast 160 Metern in einigen Bereichen, ist er ein wahrer Tourist:innenmagnet.

leicht   3 h   ↗600 hm   ↘600 hm   ↔12 km

Imst

QR-Code
Tourendetails,
GPX-Dateien,
Fahrpläne uvm.

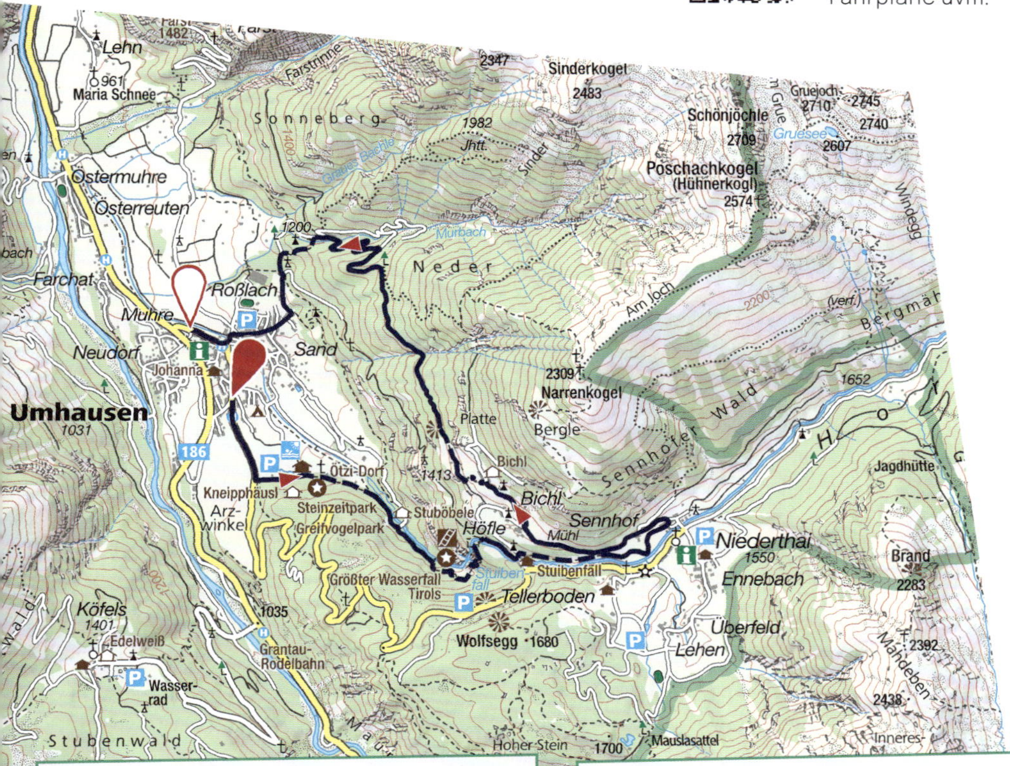

Hinfahrt

- Imst-Pitztal Bahnhof
- Bahn
- Ötztal Bahnhof
- Bus
- Umhausen Feuerwehr

Rückfahrt

- Umhausen Arzthaus
- Bus
- Ötztal Bahnhof
- Bahn
- Imst-Pitztal Bahnhof

59

13

Vernagthütte und Guslarspitzen

Anna Siebenbrunner

Vent ist Ausgangsort vieler bekannter Bergtouren und historisch äußerst relevant. Die beschriebene Tour führt über die Vernagthütte auf zwei der Guslarspitzen, zwei weniger bekannte Gipfel in den hinteren Ötztaler Alpen.

● schwer   🕓 8 h   ↗ 1.300 hm   ↘ 1.300 hm   ↔ 22 km

Imst

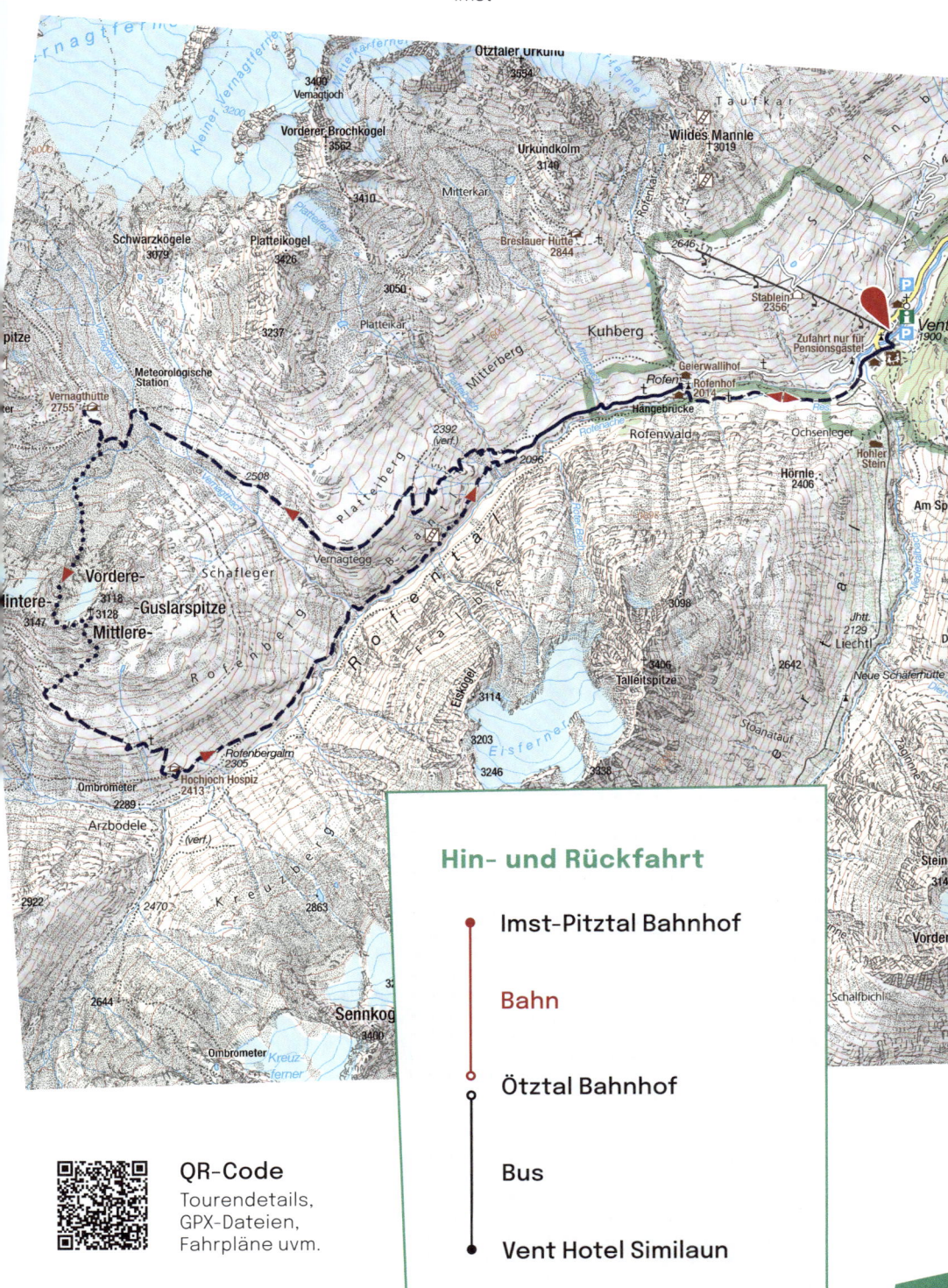

Hin- und Rückfahrt

- Imst-Pitztal Bahnhof
- Bahn
- Ötztal Bahnhof
- Bus
- Vent Hotel Similaun

QR-Code
Tourendetails,
GPX-Dateien,
Fahrpläne uvm.

Aufstieg

Nach dem Aussteigen in Vent beim Hotel Similaun ist man inmitten der Bergwelt. Das erste Teilstück der Wanderung geht flach dahin, anfangs am rechten Flussufer, später am linken.
Über eine Hängebrücke gelangt man ans andere Ufer. Nun wird der Wanderweg steiler und alpiner. Sehr gleichmäßig verläuft der Weg bergauf, bis er plötzlich eine Kurve macht und ein Stück flach weitergeht. Das letzte Stück zur Vernagthütte ist noch einmal steil.

Wer mit 800 Höhenmetern an einem Tag genug hat, kann sich auf der Vernagthütte für eine Nacht einquartieren und die Tour in zwei Etappen machen.

> 500 Höhenmeter nach der Hütte ist man oben und genießt das Gipfelpanorama der Hinteren Guslarspitze. Was man da so alles sieht, ist beeindruckend: Sämtliche schmelzende Gletscher, der Kesselwandferner, die Wildspitze, Tirols höchsten Berg, oder das Tisenjoch, die Stelle an der die Eismumie Ötzi anno 1991 gefunden wurde. Die Mittlere Guslarspitze, der nächste Gipfel, ist nur wenige Gehminuten von der Hinteren entfernt. Das dortige Gipfelpanorama ist erfreulicherweise nicht minder beeindruckend.

Abstieg

Für den Abstieg wählt man die Route zwischen Hinterer und Mittlerer Guslarspitze. Das nächste Ziel ist das sogenannte Proviantdepot, heute eine moderne Wetterstation. Man folgt dem Weg weiter talwärts. Inzwischen ist man dem Talboden schon sehr nahe. Lediglich das letzte Flachstück zurück nach Vent zur Busstation ist noch ausständig.

Mitmachen

Steig bei uns ein! Scanne den QR-Code, um zu erfahren, wie du den Verein "Bahn zum Berg" unterstützen oder mitmachen kannst.

Bahn zum Berg

Auf www.bahn-zum-berg.at zeigen dir unsere Touren-Reporter:innen die schönsten Bergtouren in Österreich, Bayern und Südtirol. Grenzübergreifend und alle mit Bahn und Bus erreichbar.

Zuugle

www.zuugle.at durchsucht die gängigsten Portale, um alle Bergtouren zu finden, die mit Bahn und Bus erreichbar sind. Entwickelt vom Verein "Bahn zum Berg", gefördert vom österreichischen Klimaschutzministerium.

#BAHNZUMBERG

14

Vordere Platteinspitze

Bergtour mit geologischen Highlights

David Kurz

Hoch über Imst erheben sich interessante Felsformationen. Bei herrlich sonnigem Wetter kann man hier aufgrund der Südexposition ohne Wald ordentlich Vitamin D tanken. Viele urige Almhütten laden zur Rast, Flüssigkeits- und Nahrungszufuhr ein.

● schwer (● mittel)   🕒 5 h   ↗ 1.500 hm   ↘ 1.500 hm   ↔ 12 km

Hin- und Rückfahrt

- Imst-Pitztal Bahnhof
- Bus
- Imst Hochimst

QR-Code
Tourendetails,
GPX-Dateien,
Fahrpläne uvm.

Aufstieg

Ausgangspunkt ist die Bushaltestelle Hochimst. Von dort kann man entweder zu Fuß am beschilderten Weg zur Mittelstation der Imster Bergbahnen und weiter zur Untermarkter Alm aufsteigen oder sie mit Liftunterstützung erreichen. Gut beschildert führt der Wanderweg weiter bis zur Latschenhütte.

Oberhalb der Alm zweigt der Steig nach Norden ab, rechts über einen Bachlauf. Der Weg ist dort nicht leicht erkennbar, da er mit Latschen ziemlich zugewachsen ist. Weiter geht's durch ein Waldstück nach Osten hinaus auf einen breiten Geländerücken, den "Narren". Dort nach Norden aufwärts, vorbei am „Narrenkreuz" mit herrlichem Ausblick auf Imst.

Weiter bergauf, auf den felsigen Gipfelaufbau zu, wird das Gelände der „Platten Wiesen" immer steiler. Gegen Ende schlängelt sich der Weg in Serpentinen hinauf. Am Fuße der Felswand führt er schräg nach Westen. Durch einen Felsspalt gelangt man in die schottrige Steilrinne mit den Felspyramiden zur rechten Hand.

Oben am Sattel wird die Nordostflanke des Bergmassivs über Felsrippen überschritten und endet am Beginn einer Rinne. Direkt über der Rinne biegt der Weg nach links ein und führt zu einer Seilversicherung hinauf bis zum Gipfel.

Der Gipfel belohnt mit einmaligem Rundblick auf die Region Imst, das Kalksteinmassiv der Lechtaler Alpen im Norden und die Zentralalpen von den Ötztaler, Pitztaler und Kaunertaler Bergen im Süden.

Abstieg

Der Abstieg folgt entweder der Aufstiegsroute oder man biegt beim "Narrrenkreuz" rechts auf den Platteinsteig nach Westen ab. Der weitere Weg führt dann über die Muttekopfhütte, mündet in dessen Hüttenzustiegsweg und schließt sich über Almwiesen entlang zur Latschenhütte zum Kreis. Von dort wieder retour über die Untermarkter Alm bis Hochimst.

Wallfahrtsjöchl

Thomas Obermair

Eine eindrucksvolle Rundtour vorbei am Pfitschebacher Wasserfall, zwei bewirtschafteten Almen, einem hoch gelegenen Weidegebiet und imposanten Steinblockhalden. Als gekürzte Tour bis zur Abzweigung zum Wallfahrtsjöchl auf der Weide bietet sich die Runde ebenfalls an.

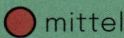 mittel (leicht)   7 h   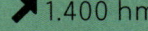 1.400 hm   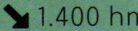 1.400 hm   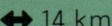 14 km

Imst

Hin- und Rückfahrt

- Imst-Pitztal Bahnhof
- Bus
- St. Leonhard im Pitztal Gh Sonne

 **QR-Code** Tourendetails, GPX-Dateien, Fahrpläne uvm.

Zwölferköpfl

Anna Ölz

Die Bergtour auf das Zwölferköpfl ist perfekt für jeden, der Lust auf einen gemütlichen Ausflug ins Ötztal hat. Es ist eine sehr lohnenswerte Wanderung, bei der man von einer wunderschönen, unberührten Natur umgeben ist. Und am Gipfel angekommen hat man einen traumhaften Blick ins Kühtai.

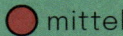 mittel 3 h 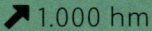 1.000 hm 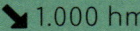 1.000 hm 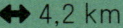 4,2 km

Imst

Hin- und Rückfahrt

● Imst-Pitztal Bahnhof

Bahn

○ Ötztal Bahnhof
○
● Kühtai Issbrücke

QR-Code
Tourendetails,
GPX-Dateien,
Fahrpläne uvm.

5

Innsbruck und Innsbruck-Land

Start: Innsbruck Hbf

- 17 Freihut — 74
- 18 Habicht — 76
- 19 Hohe Munde — 80
- 20 Naviser Almenrunde — 84
- 21 Reither Spitze — 86
- 22 Zunterköpfe — 88

17

Freihut

Thomas Obermair

Vom Sellrain ins Lüsenstal führt diese Überschreitung. Bevor man sich beim Gasthof Praxmar genüsslich die Wartezeit auf den Bus vertreiben kann, wartet ein Aufstieg über Forstwege, saftige Wiesen und - in den steileren Passagen - einige Steinblöcke. Der Abstieg nach Praxmar ist bei Schönwetter sehr aussichtsreich!

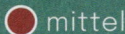 mittel 5 h  1.070 hm  900 hm 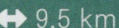 9,5 km

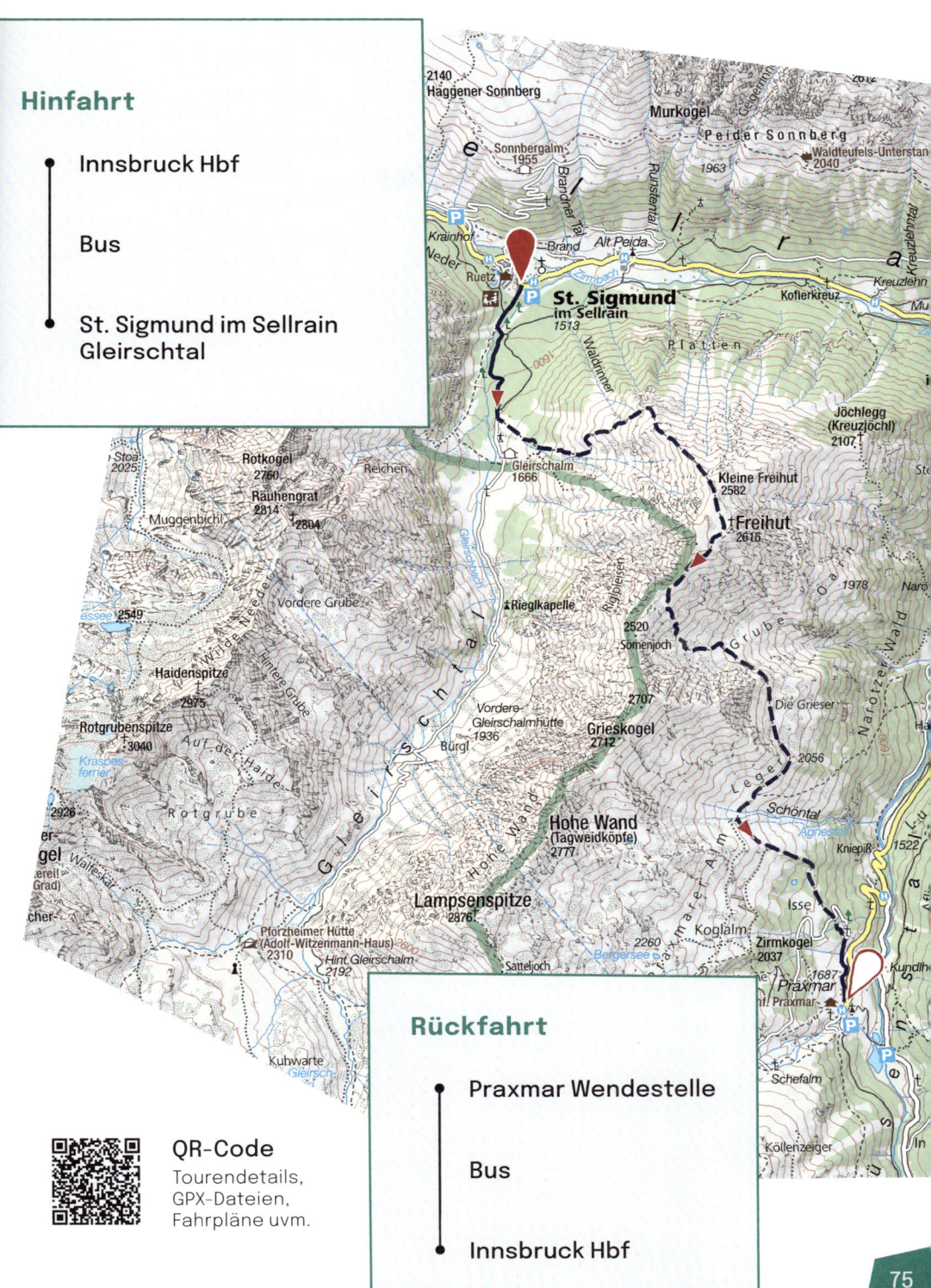

Hinfahrt

- Innsbruck Hbf
- Bus
- St. Sigmund im Sellrain Gleirschtal

Rückfahrt

- Praxmar Wendestelle
- Bus
- Innsbruck Hbf

QR-Code
Tourendetails, GPX-Dateien, Fahrpläne uvm.

Habicht

Anna Siebenbrunner

Der Habicht - ein markanter Berg, den man von weit her erkennen kann. So gesehen ist eine Wanderung auf den Gipfel-Promi nahezu unerlässlich. Auf halbem Weg zum Habicht-Gipfel liegt in bester Aussichtslage die Innsbrucker Hütte, die es erlaubt, aus dieser Tour eine Zweitagestour mit Übernachtung zu machen. Der versicherte Steig im oberen Bereich der Tour erfordert jedenfalls Trittsicherheit und Schwindelfreiheit!

 schwer    8-10 h    2.000 hm    2.000 hm    12 km

Innsbruck

Hin- und Rückfahrt

- Innsbruck Hbf
- S-Bahn
- Steinach am Brenner
- Bus
- Gschnitz Gh Feuerstein

QR-Code
Tourendetails,
GPX-Dateien,
Fahrpläne uvm.

Aufstieg

Der Normalweg Richtung Habicht führt vom Gasthof Feuerstein über die Innsbrucker Hütte. Nach einem kurzen Flachstück zu Beginn führt der Weg durchgehend steil hangaufwärts. Nach etwa 700 Höhenmetern erreicht man ein nettes "Aussichtsbankerl", auf dem man die Kräfte für die letzten 300 Höhenmeter bis zur Innsbrucker Hütte sammeln kann.

Wer den Habicht nicht als Tagestour gehen will, kann eine Nacht auf der Innsbrucker Hütte verbringen und ganz nebenbei das herrliche Panorama der Stubaitaler und Gschnitztaler Bergwelt - und darüber hinaus - genießen. Die Hüttenkulinarik lässt ebenfalls keine Wünsche offen! Wer dennoch rastlos ist und noch eine kleine Nachmittagswanderung unternehmen möchte, kann beispielsweise zum nahe gelegenen Alfairsee spazieren. Hartgesottene finden darin eine erfrischende Bademöglichkeit.

Der Weg zum Habicht ab der Innsbrucker Hütte ist anfangs geprägt von großen Steinblöcken, auf denen es sich gut dahin wandern lässt. Nach einiger Zeit wird der Weg zusehends zum Steig. Spätestens ab den fix verankerten Stahlseilen ist man gut beraten, auch die Hände einzusetzen. Bis zum Gipfel geht der Weg in dieser Art weiter. Je nach Jahreszeit und Schneelage können im oberen Teil Schneefelder am Weg liegen und Winterausrüstung ist gefragt.

Vom Gipfelaufbau des Habicht hat man einen beeindruckenden Rundumblick. Zu erspähen sind Bergprominenzen wie das Zuckerhütl oder die drei Tribulaune im österreichisch-italienischen Grenzgebiet.

Abstieg

Der Abstieg kann gleich wie der Aufstieg erfolgen, muss er aber nicht. Wie so oft bieten sich zahlreiche Möglichkeiten für alternative Abstiege. Wer die Bremer Hütte ins Auge gefasst hat, biegt noch vor der Innsbrucker Hütte auf den entsprechenden Weg ab. Von der Bremer Hütte talwärts landet man auch wieder bei der Haltestelle "Gasthof Feuerstein". Direkt bei der Innsbrucker Hütte kann man ins Stubaital "abbiegen". Dazu schlägt man am Pinnisjoch den Weg Richtung Alfairgrube ein. Immer talwärts im Pinnistal gehend, erreicht man schließlich das Stubaital im Bereich der Ortschaft Neder.

Hohe Munde

Magdalena Maier

Die Hohe Munde ragt stolz und alleine in den Himmel. Die ungewöhnlich zahm wirkende Kugelform des Ostgipfels täuscht über die Wildheit des Westgipfels hinweg. Auf einer Überschreitung kann man die beeindruckende Welt der Hohen Munde von allen Seiten kennenlernen.

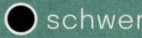 schwer 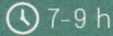 7–9 h  1.900 hm  1.600 hm 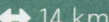 14 km

Innsbruck

Rückfahrt

- Buchen b.Telfs Buchener Höhe
- Bus
- Innsbruck Hbf

Hinfahrt

- Innsbruck Hbf
- Bus
- Telfs Sonnensiedlung Nord

QR-Code
Tourendetails,
GPX-Dateien,
Fahrpläne uvm.

Aufstieg

Von der Bushaltestelle der Sonnensiedlung taucht man sogleich in den Wald ein. Man durchquert eine Klamm, in der es im Sommer angenehm kühl ist. Nach 800 Höhenmetern erhascht man einen ersten Blick auf das Panorama: Tief unten die winzigen Häuser des Inntals, gegenüber die dunklen Rücken der Grieskogel Gruppe und zur Rechten die Hohe Munde.

Nach 1200 Höhenmetern hat man die niedere Munde erreicht. Ab jetzt befindet man sich in alpinem Gelände: Der Weg ist in der felsigen Landschaft schwieriger zu finden und immer wieder begegnet man Seilversicherungen. Für etwas erfahrene Bergsteiger ist ein Klettersteigset samt Helm zu empfehlen.

Kurz vor dem Westgipfel wird der Weg richtig abenteuerlich. Über den scharfen Grat geht es mal steil bergauf und bergab. Dann steht man am Westgipfel und hat den höchsten Punkt der Hohen Munde erklommen.

Zum Ostgipfel sind es noch 50 Höhenmeter. Hier halten sich bis in den Frühsommer die Schneefelder. Der Ostgipfel ist ein flaches Plateau mit Sender und Lawinenverbauungen. Schneefelder zwischen West- und Ostgipfel

Abstieg

Der Weg vom Ostgipfel talwärts ist außerordentlich gut markiert. Es ist steil und wenig abwechslungsreich, wenn man die Passage mit dem Aufstieg vergleicht. Die Aussicht lässt sich nicht lumpen, die nun Blicke auf Seefeld und Karwendel ermöglichen. Bei der Rauthhütte kann man sich nach all der Anstrengung stärken, bevor man die letzten 400 Höhenmeter zur Straße angeht. Bei der Haltestelle „Buchen bei Telfs Buchener Höhe" ist die Tour zu Ende. Etwaige Wartezeit kann man sich mit einer Einkehr in die Ropferstub'm vertreiben.

20

Naviser Almenrunde
Tourismusverband Wipptal

Diese Almenrunde ist auf jeden Fall einzigartig. Nirgends in Tirol findet man eine so große Dichte an bewirtschafteten Almen in einem Tal. Zudem sind die Almen über einen herrlichen Wanderweg und einen MTB-Weg miteinander verbunden.

 mittel   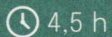 4,5 h   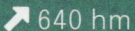 640 hm    640 hm   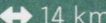 14 km

Innsbruck

Hin- und Rückfahrt

- Innsbruck Hbf

  S-Bahn

- Matrei am Brenner Bahnhof

  Bus

- Navis Dorf

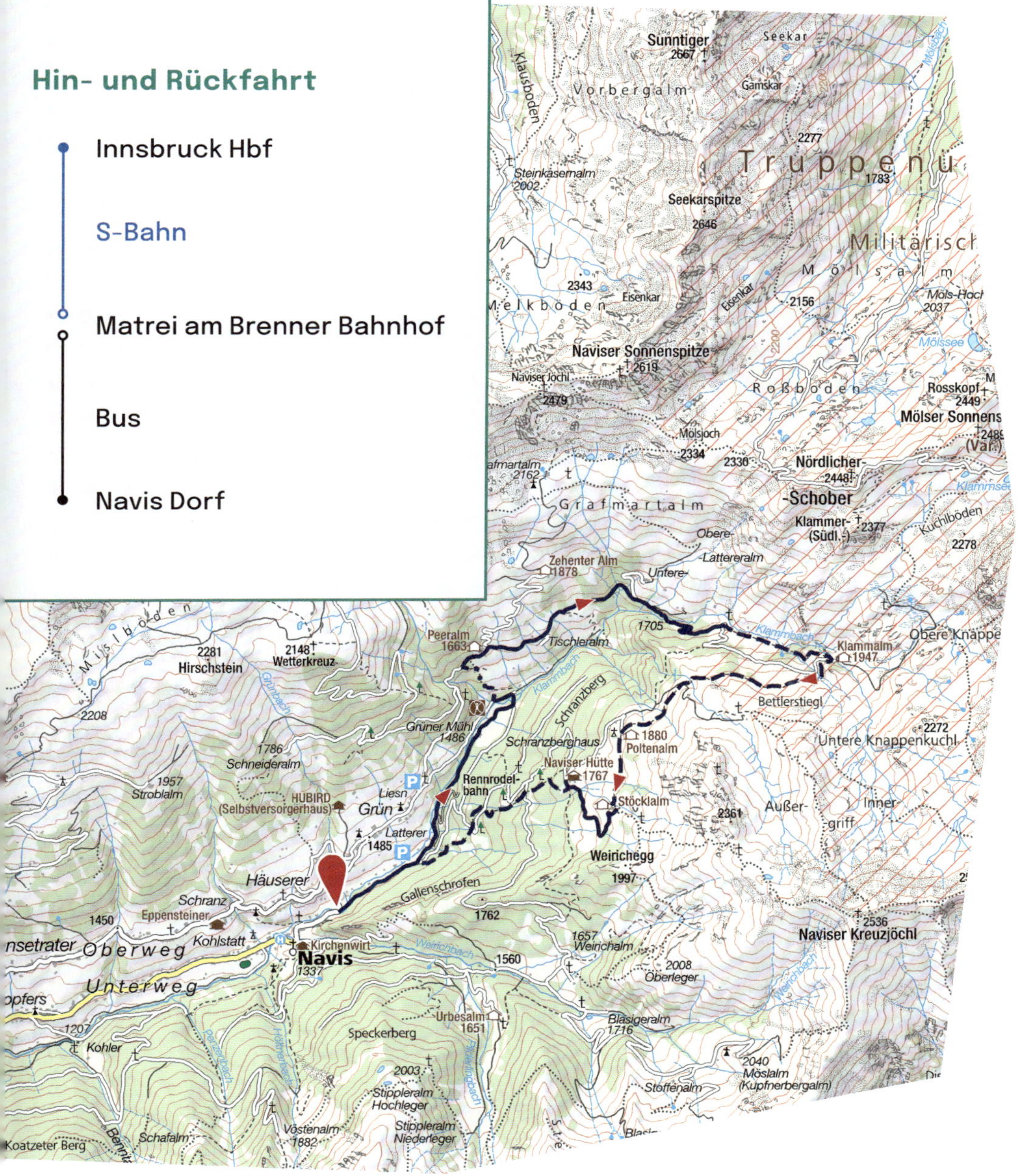

QR-Code
Tourendetails,
GPX-Dateien,
Fahrpläne uvm.

21

Reither Spitze

Überschreitung Seefeld-Reith

Simon Widy

Den markanten, westlichsten Berg des Karwendelgebirges erreicht man von Seefeld auch ohne Seilbahn-Unterstützung. Über Wald und Wiesen gelangt man zur Nördlinger Hütte. Von dort führt ein stellenweise versicherter Steig auf den Gipfel, der eine traumhafte Fernsicht bietet. Im Abstieg bleibt man nach der Nördlinger Hütte am Grat, um nach Reith zu kommen.

● schwer ⏱ 5-6 h ↗ 1.200 hm ↘ 1.250 hm ↔ 13 km

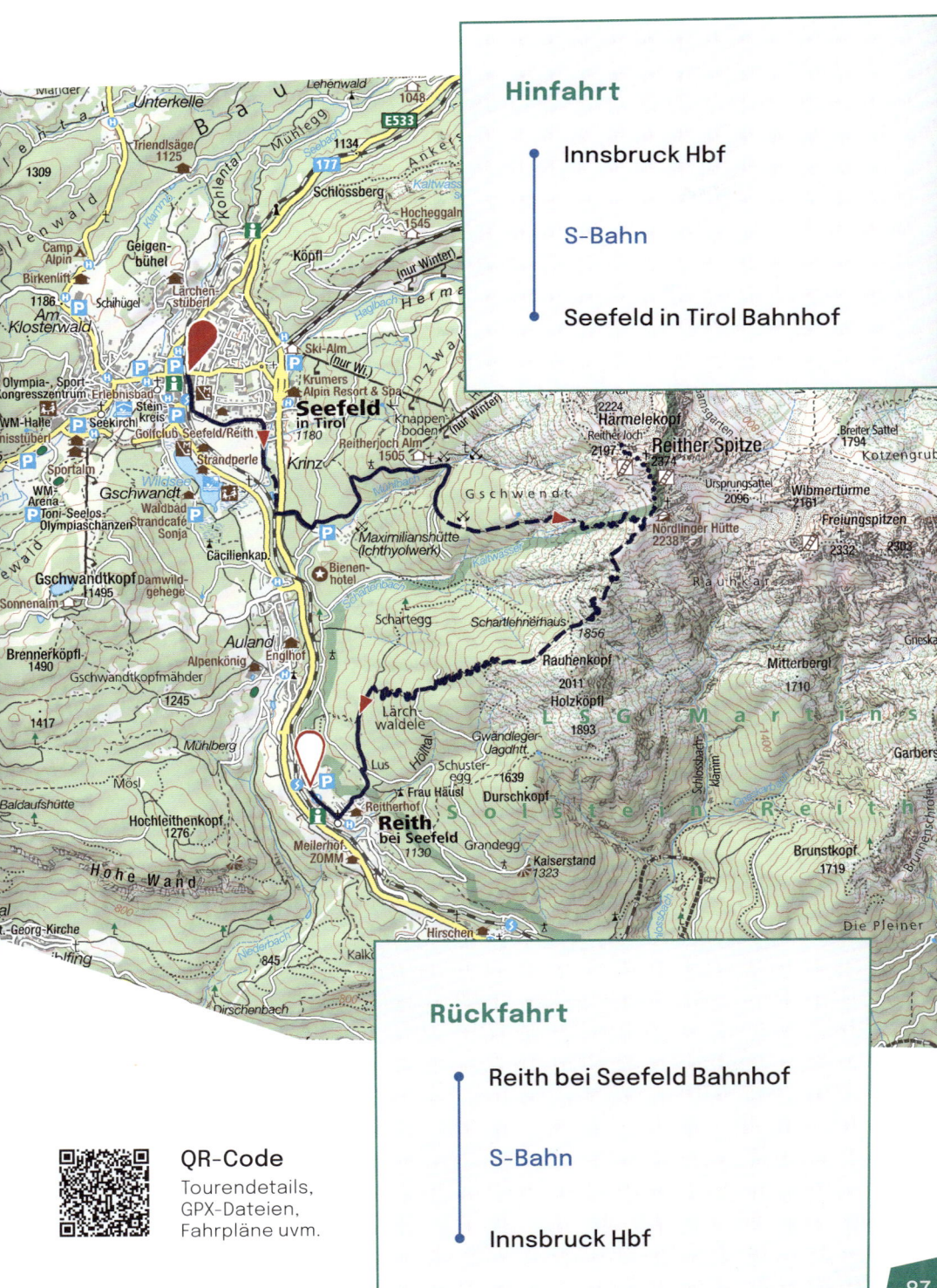

Zunterköpfe

Hochmahdkopf, Haller und Thaurer Zunterkopf

Thomas Obermair

Auf der Überschreitung von Hall bis ins Stadtgebiet von Innsbruck bezwingt man drei Gipfel. Ab dem Thaurer Zunterkopf spielen die Gedanken mit dem leckeren Essen der vielen Hütten hier.

 mittel 9 h  1.500 hm  1.700 hm 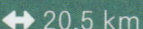 20,5 km

Innsbruck

Hinfahrt

- Innsbruck Hbf
- Bus
- Eichat bei Hall Bettelwurfsiedlung

Rückfahrt

- Innsbruck Marktplatz
- Bus
- Innsbruck Hbf

QR-Code
Tourendetails,
GPX-Dateien,
Fahrpläne uvm.

6

Schwaz

Start: Jenbach Bhf

23 Ebner Joch		92
24 Kellerjoch	⛰	94
25 Stanser Joch	⛰	96
26 Steinernes Tor	⛰	98
27 Talbachwasserfall	⛰	102

Ebner Joch

Konrad Gwiggner

Das Ebner Joch ist dem Rofangebirge vorgelagert und ein sehr beliebtes Wanderziel, da man von hier aus ins Zillertal, nach Osten und Westen ins Inntal und wunderbar auf den Achensee blicken kann. Durch den vollständig südseitigen Aufstieg ist es ein klassisches Wanderziel für das Frühjahr, wenn auf anderen Bergen noch Schnee liegt. Hingegen kann es hier im Sommer zwischen den Latschen extrem heiß werden.

● mittel   ◷ 5 h   ↗ 1.100 hm   ↘ 1.100 hm   ↔ 9 km

Schwaz

Hin- und Rückfahrt

- Jenbach Bahnhof
- Bus
- Wiesing/Inn Kanzelkehre

QR-Code
Tourendetails,
GPX-Dateien,
Fahrpläne uvm.

93

Kellerjoch

Eine gratinierte Überschreitung
David Kurz

Der Aussichtsberg im Bezirk Schwaz bietet unzählige Auf- und Abstiegsmöglichkeiten. In einer meridionalen Überschreitung, von Nord nach Süd, kann man den Berg in vollen Zügen genießen. Dabei ist auch deine sportliche Ausdauer gefragt.

● schwer　　🕒 5 h　　↗ 1.200 hm　　↘ 1.000 hm　　↔ 15 km

Schwaz

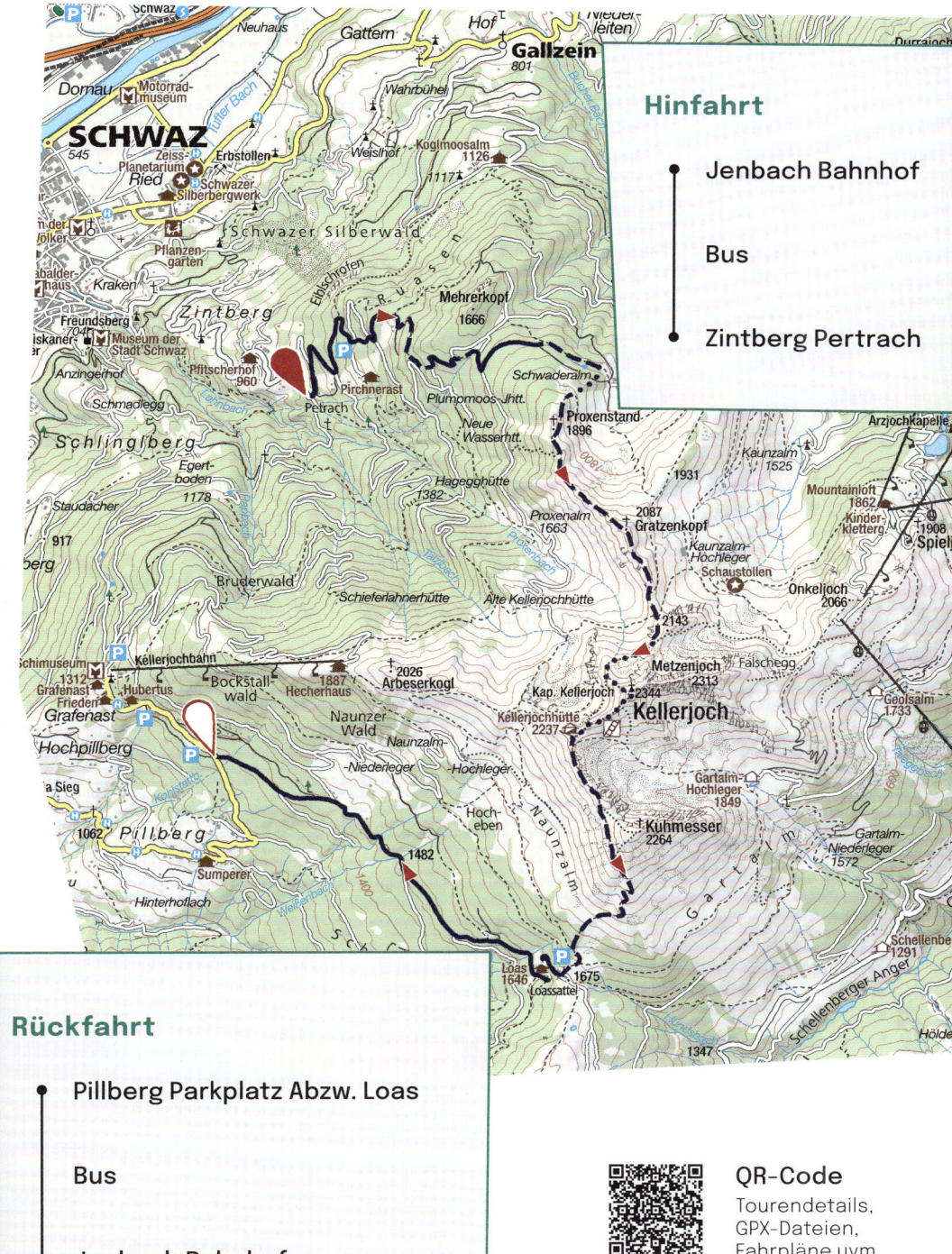

Hinfahrt
- Jenbach Bahnhof
- Bus
- Zintberg Pertrach

Rückfahrt
- Pillberg Parkplatz Abzw. Loas
- Bus
- Jenbach Bahnhof

QR-Code
Tourendetails,
GPX-Dateien,
Fahrpläne uvm.

25

Stanser Joch

Anna Siebenbrunner

Den herrlichen Ausblick auf das Inntal muss man sich erst durch einen steilen Waldanstieg von Jenbach aus verdienen. Dafür wird man ab dem Gipfel mit einer einzigartigen Sicht auf den Achensee belohnt.

 schwer 8 h  1.600 hm  1.200 hm  17 km

Schwaz

Nur Rückfahrt

- Maurach/Achensee Seespitz
- Bus
- Jenbach Bahnhof

QR-Code
Tourendetails,
GPX-Dateien,
Fahrpläne uvm.

Steinernes Tor

Überschreitung

Konrad Gwiggner

Eine Tour, die ohne Gipfel parallel zum Achensee verläuft. Dafür kann sie mit wunderbaren Ausblicken, Tiefblicken und Höhepunkten aufwarten.

● mittel　　🕐 5 h　　↗ 1.050 hm　　↘ 1.050 hm　　↔ 10 km

Aufstieg

Von der Haltestelle "Achenkirch Schwarzenau", folgt man dem Bächlein und durchquert den "Abenteuerpark Achensee" mit seinem tollen Hochseilgarten, über eine kleine Brücke über den Bach und gleich beim ersten Wasserfall vorbei. Der Weg geht etwas steiler, wunderbar naturbelassen, die ersten Höhenmeter hinauf.

Später kreuzt der Pfad immer wieder die Forststraße. Beim Kot-Alm Niederleger kommt man das erste Mal auf eine Lichtung, welche einen wunderbaren Ausblick auf Seebergspitz und Seekarspitz erlaubt.

Ein Stück noch durch Wald und nach gut 600 Höhenmetern erreicht man den Kot-Alm Mittelleger. Ab hier gibt es ein offenes Gelände mit traumhaften Ausblicken. Der Weg ist einfach zu gehen und auch leicht zu finden. Nach einem Erfrischungsbrunnen beim verfallenen Kot-Alm Hochleger geht es weiter zum höchsten Punkt der Tour, dem Steinernen Tor.

Rund um das Steinerne Tor treffen sich einige andere Wanderwege. Nur ein kurzes Stück nach dem Steinernen Tor erreicht man die bewirtschaftete Dalfazalm, welche für eine Einkehr zu empfehlen ist. Der Ausblick von hier oben ist grandios, sowie auch die Verpflegung.

Abstieg

Ab der Dalfazalm hat man die Wahl für den Abstieg. Entweder in leichtem Aufstieg zur Erfurter Hütte und von dort mit der Rofanseilbahn runter ins Tal (Fahrzeiten beachten), oder über den hier beschriebenen Weg als Abstieg zur Talstation der Rofanseilbahn. Von der Dalfazalm geht es in vielen Serpentinen hinunter zum Dalfazer Wasserfall. Von einer Aussichtsplattform mit Wellnessliegen genießt man den famosen Ausblick. Direkt neben dem Wasserfall geht ein schneidiger Klettersteig rauf.

Talbachwasserfall

Anna Siebenbrunner

Wer nach einer kurzen Tour im Zillertal mit tollen Ausblicken und sehenswerten Wasserfällen sucht, wird mit dieser Tour eine Freude haben. Von Hippach führt ein schöner Wanderweg hoch über dem Tal bis zum Talbach Wasserfall und von dort weiter nach Zell am Ziller.

 leicht 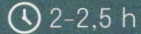 2-2,5 h  230 hm  240 hm 6 km

Schwaz

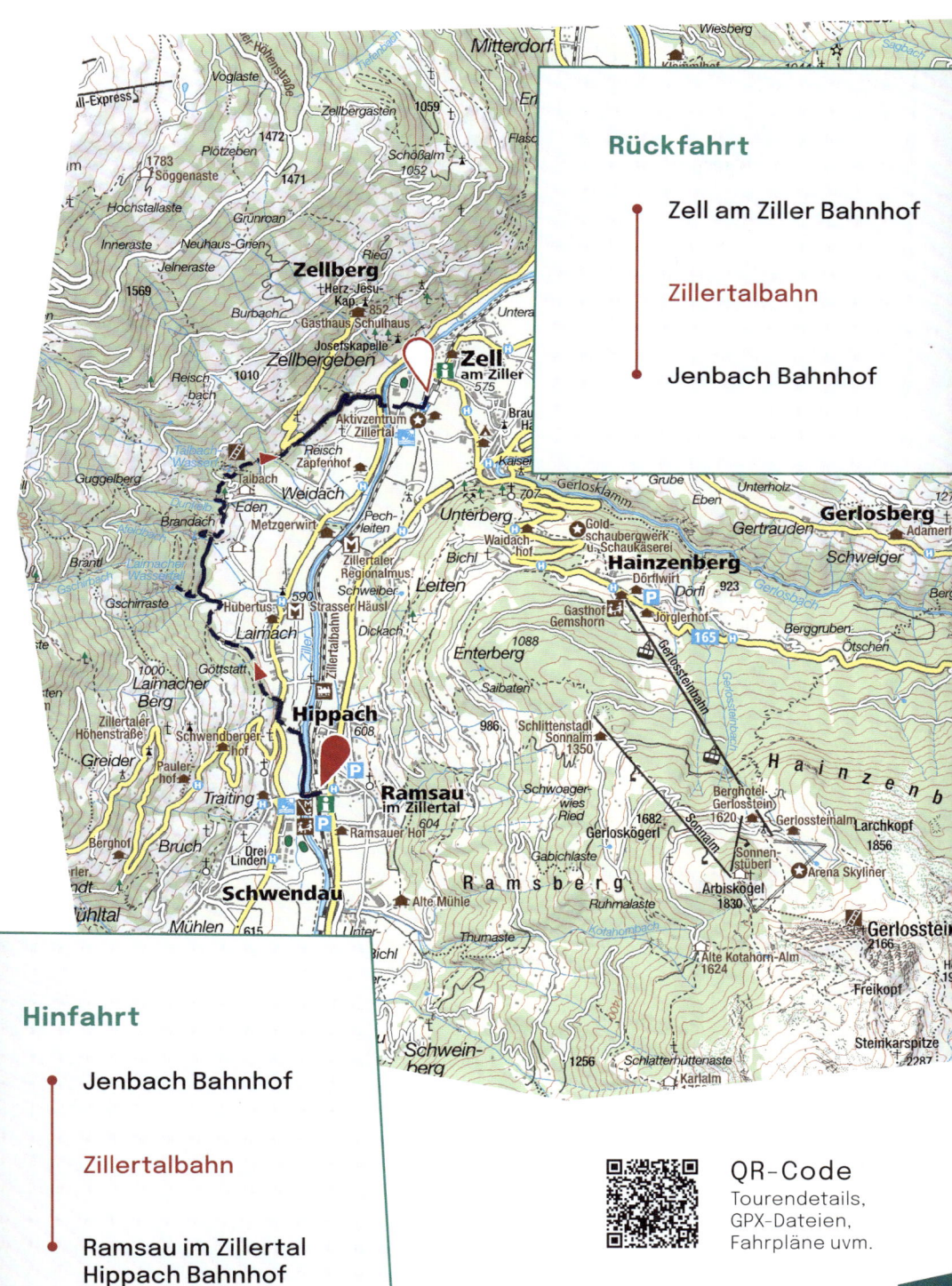

Rückfahrt

- Zell am Ziller Bahnhof
- Zillertalbahn
- Jenbach Bahnhof

Hinfahrt

- Jenbach Bahnhof
- Zillertalbahn
- Ramsau im Zillertal Hippach Bahnhof

QR-Code
Tourendetails,
GPX-Dateien,
Fahrpläne uvm.

7

DEUTSCHLAND

Kufstein
Start: Kufstein Bhf

28	Kundler Klamm	106
29	Möslalmkreuz	108
30	Pendling	110
31	Wandberg und Brennkopf	112
32	Zahmer Kaiser	114

Kundler Klamm

Anna Siebenbrunner

Die Kundler Klamm weiß an heißen Tagen mit angenehm kühler Luft und im Herbst mit mystischer Stimmung und bunten Bäumen zu überzeugen. Die Forststraße lädt für ausgedehnte Spaziergänge oder lockere Laufrunden ein. Sehenswert ist die Kundler Klamm allemal, ob für Familien, einen Ausflug mit Freunden, oder angenehme Sporteinheiten!

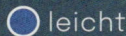 leicht   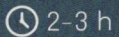 2-3 h    200 hm    200 hm    14 km

Kufstein

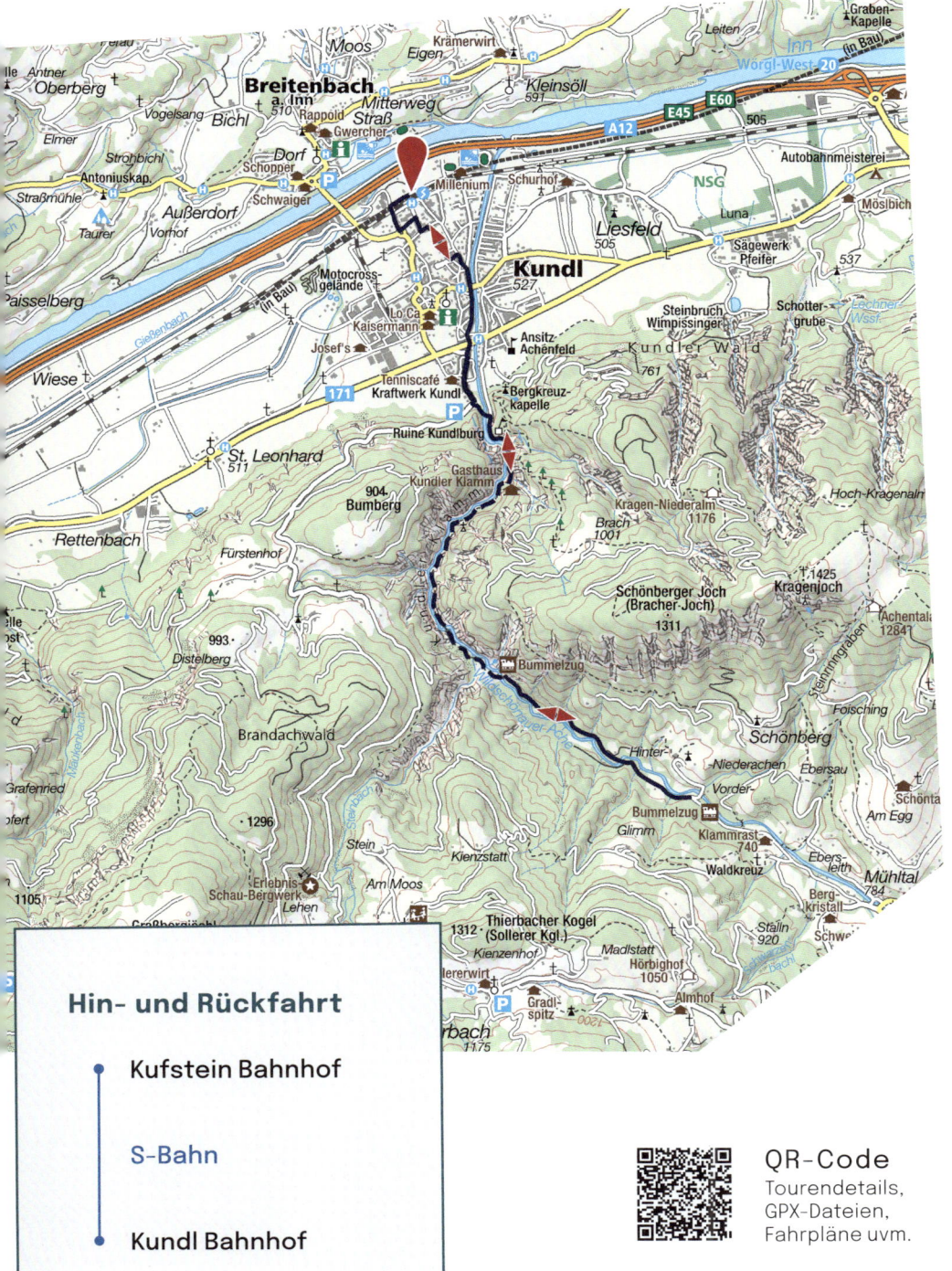

Hin- und Rückfahrt

- Kufstein Bahnhof
- S-Bahn
- Kundl Bahnhof

QR-Code
Tourendetails,
GPX-Dateien,
Fahrpläne uvm.

Möslalmkreuz

Über den Berg zum Baden

David Kurz

Eine leichte Tour, auch für Kinder geeignet, hat den Ausgangspunkt in Wörgl am Bahnhof. Aufgrund der Nähe zu 2 schönen Bachläufen mit kleinen Wasserfällen kann man an heißen Tagen die Tour zu einem Badeausflug ausdehnen.

○ leicht · 4 h · ↗ 500 hm · ↘ 500 hm · ↔ 13 km

Pendling

Auf den Kufsteiner Hausberg

Simon Widy

Westlich von Kufstein erhebt sich der Pendling, ein markanter Felsen, der über seine Rückseite relativ einfach bezwungen werden kann und eine traumhafte Aussicht bis weit über das Inntal hinaus bietet.

● mittel　　🕒 6 h　　↗ 1.150 hm　　↘ 1.150 hm　　↔ 20 km (15 km)

Kufstein

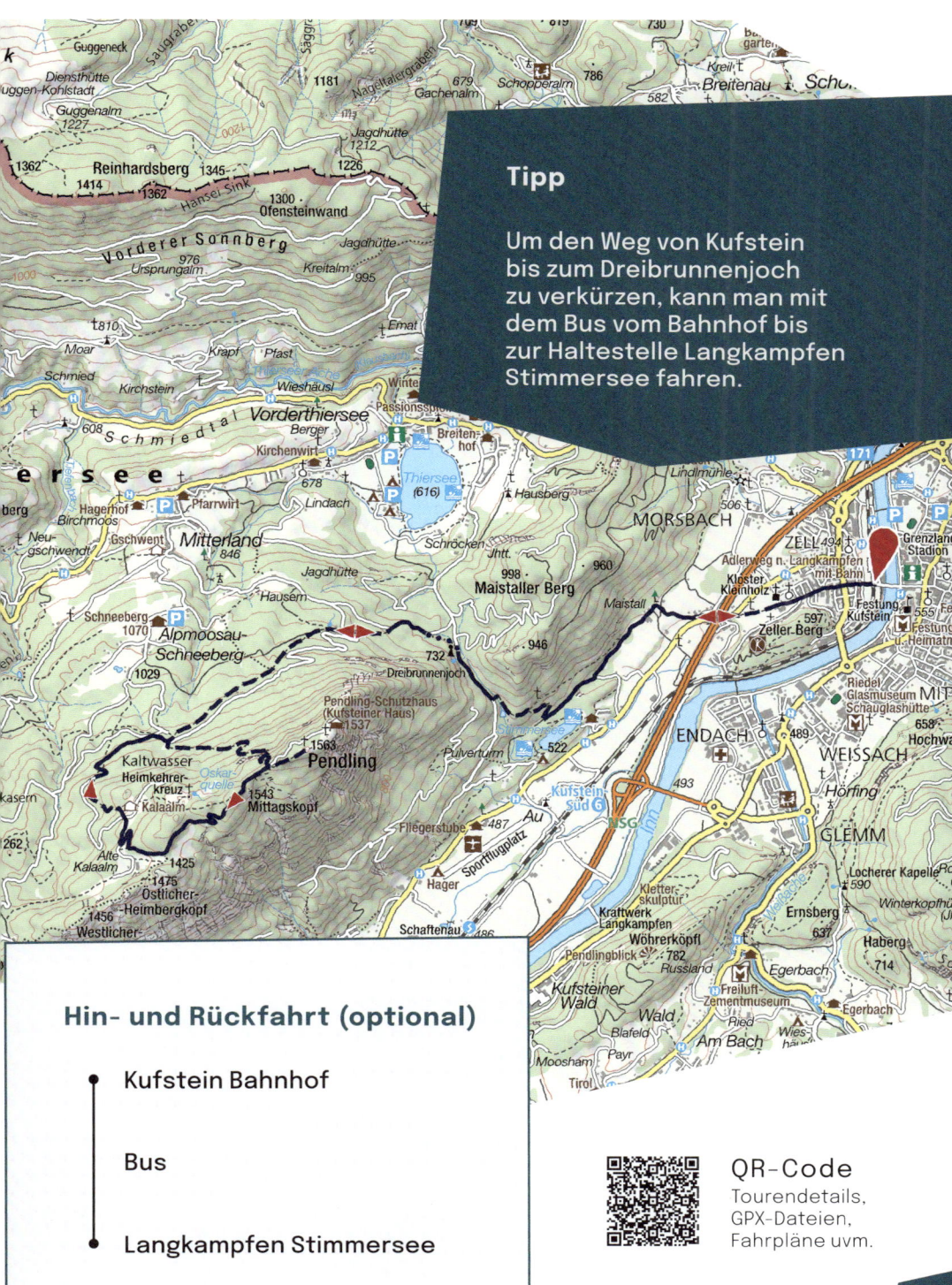

Tipp

Um den Weg von Kufstein bis zum Dreibrunnenjoch zu verkürzen, kann man mit dem Bus vom Bahnhof bis zur Haltestelle Langkampfen Stimmersee fahren.

Hin- und Rückfahrt (optional)

- Kufstein Bahnhof
- Bus
- Langkampfen Stimmersee

QR-Code
Tourendetails, GPX-Dateien, Fahrpläne uvm.

Wandberg und Brennkopf

Anna Siebenbrunner

Für den Ausblick auf den Walchsee muss man sich bis auf den Gipfel gedulden, dafür ist dieser dann umso beeindruckender. Doch auch der Weg dorthin enttäuscht nicht, immerhin kommt man an einem Wasserfall vorbei.

● mittel   🕐 4–5 h   ↗ 900 hm   ↘ 900 hm   ↔ 12 km

Kufstein

Hin- und Rückfahrt

- Kufstein Bahnhof
- Bus
- Walchsee Dorfplatz

QR-Code
Tourendetails,
GPX-Dateien,
Fahrpläne uvm.

Zahmer Kaiser

Frühsommerliche Überschreitung

Peter Backé

Von Durchholzen wandern wir durch die gar nicht so sanfte Nordseite des Zahmen Kaisers auf die Pyramidenspitze und die Vordere Kesselschneid. Der Abstieg verläuft durch das Kaisertal nach Kufstein.

 mittel 8 h  1.500 hm  1.700 hm 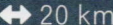 20 km

Kufstein

nur Hinfahrt

- Kufstein Bahnhof
- Bus
- Walchsee Durchholzen

QR-Code
Tourendetails,
GPX-Dateien,
Fahrpläne uvm.

8

DEUTSCHLAND

Kitzbühel

Start: Kitzbühel Bhf

③③ Ellmauer Halt		118
③④ Fellhorn		120
③⑤ Gampenkogel		122
③⑥ Großer Rettenstein		124
③⑦ Kitzbüheler Horn	🏔	126

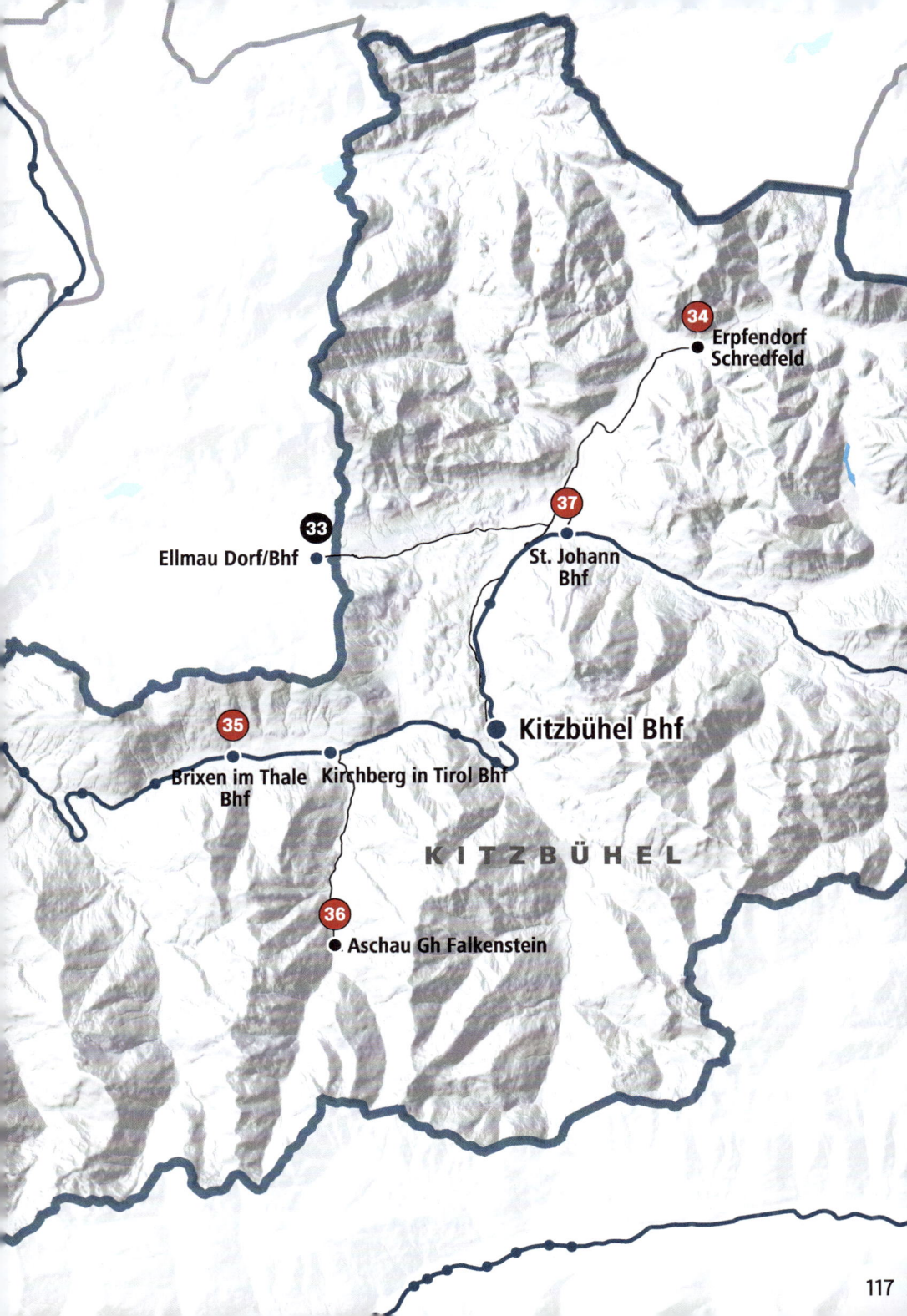

Ellmauer Halt

Gipfelsturm im Wilden Kaiser

Simon Widy

Der Gamsängersteig (B/C), ein erlebnisreicher Klettersteig, führt auf den höchsten Berg des Kaisergebirges. Von der Wochenbrunner Alm, wo man am Klammlweg an der Gaudeamushütte vorbei zur Gruttenhütte aufsteigt. Klettersteig-Liebhaber:innen können hier den Klamml-Klettersteig (D) als spannende Alternative wählen. Weiter geht es zuerst über Blockschutt, dann am Gamsängersteig auf den Gipfel. Eine Kaisertour im Wilden Kaiser.

● schwer   ⧗ 6 h   ↗ 1.300 hm   ↘ 1.300 hm   ↔ 10 km

Kitzbühel

Hin- und Rückfahrt

- Kitzbühel Bahnhof
- Bus
- Ellmau Dorf/Bauhof

QR-Code
Tourendetails,
GPX-Dateien,
Fahrpläne uvm.

119

Fellhorn & Eggenalmkogel

Ein fordernder Südanstieg

David Kurz

Ein streckenweise sehr steiler Anstieg führt durch bewaldetes Gebiet die Südflanke des Fellhorns hinauf. Der Pfad ist gut markiert und wird ab dem Gernsattel zu flachen Almwegen.

● mittel   🕒 5–6 h   ↗ 1.250 hm   ↘ 1.250 hm   ↔ 18 km

Kitzbühel

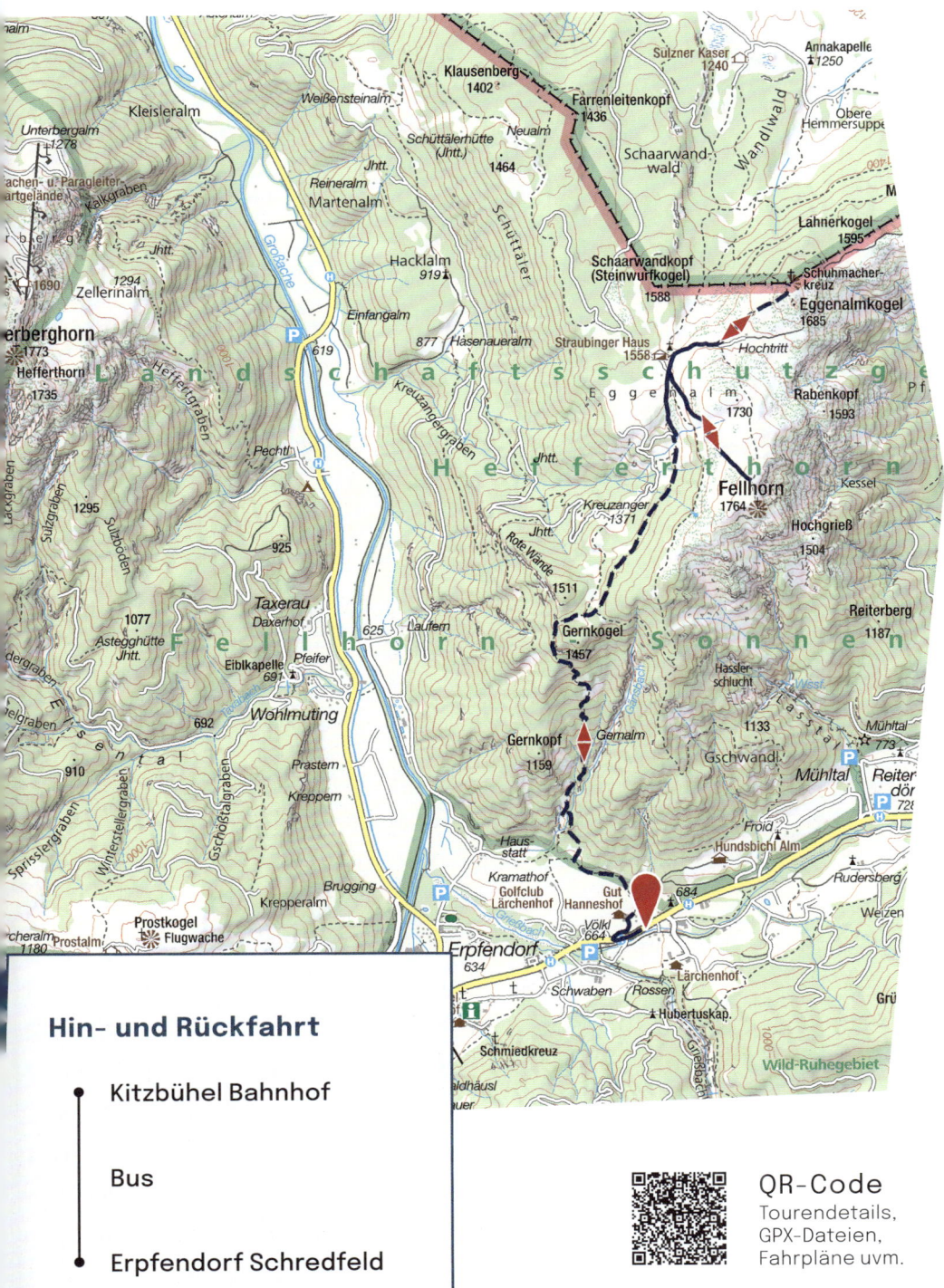

Hin- und Rückfahrt

- Kitzbühel Bahnhof
- Bus
- Erpfendorf Schredfeld

QR-Code
Tourendetails,
GPX-Dateien,
Fahrpläne uvm.

35

Gampenkogel
Tourismusverband Kitzbüheler Alpen - Brixental

Ganztageswanderung über schöne Almwiesen auf problemlosen Wegen und Pfaden.

● mittel   ⏱ 5-6 h   ↗ 1.150 hm   ↘ 1.150 hm   ↔ 14 km

Kitzbühel

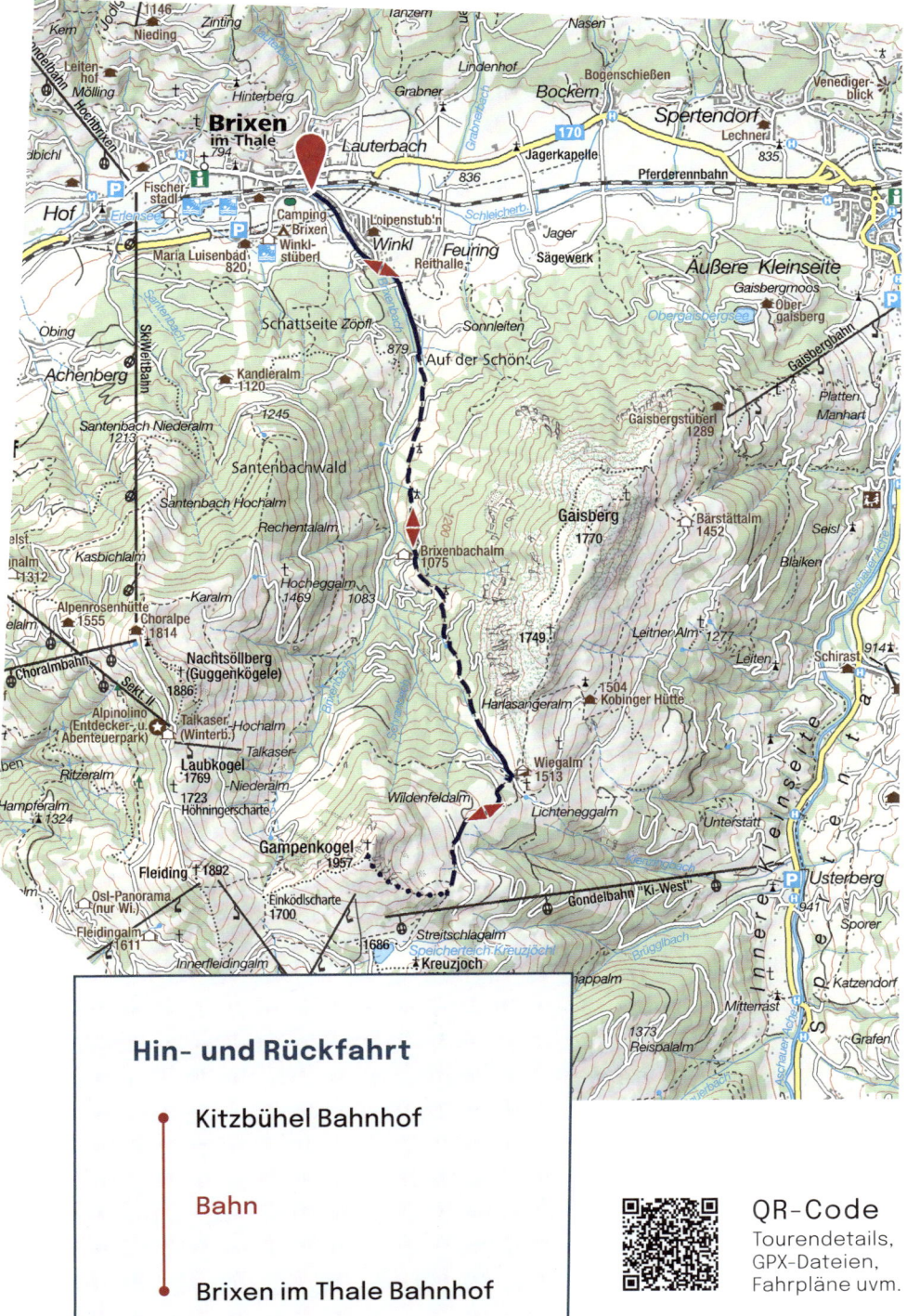

Hin- und Rückfahrt

- Kitzbühel Bahnhof
- Bahn
- Brixen im Thale Bahnhof

QR-Code
Tourendetails,
GPX-Dateien,
Fahrpläne uvm.

36

Großer Rettenstein

Tourismusverband Kitzbüheler Alpen - Brixental

Eine anspruchsvolle Bergwanderung, die anfangs durch Wald und schönes Almgelände führt. Der Schlussanstieg ist ziemlich steil und steinig. Ein Grundmaß an Trittsicherheit und Schwindelfreiheit sind erforderlich!

● schwer   🕐 7 h   ↗ 1.400 hm   ↘ 1.400 hm   ↔ 16,5 km

QR-Code
Tourendetails,
GPX-Dateien,
Fahrpläne uvm.

Hin- und Rückfahrt

- Kitzbühel Bahnhof
- *S-Bahn*
- Kirchberg in Tirol Bahnhof
- Bus
- Aschau Gh Falkenstein

Kitzbüheler Horn

Überschreitung von Kitzbühel nach St. Johann

David Kurz

Das Horn der Kitzbüheler ist wegen seines Fernsehturms leicht zu erkennen. Von beiden Seiten, also Kitzbühel und St. Johann, ist der Berg mit Bergbahnen, Wanderwegen und besser begehbaren Bergstraßen erschlossen und bietet sich deshalb perfekt als Überschreitung an.

● mittel   🕒 6–8 h   ↗ 1.300 hm   ↘ 1.300 hm   ↔ 19 km

Kitzbühel

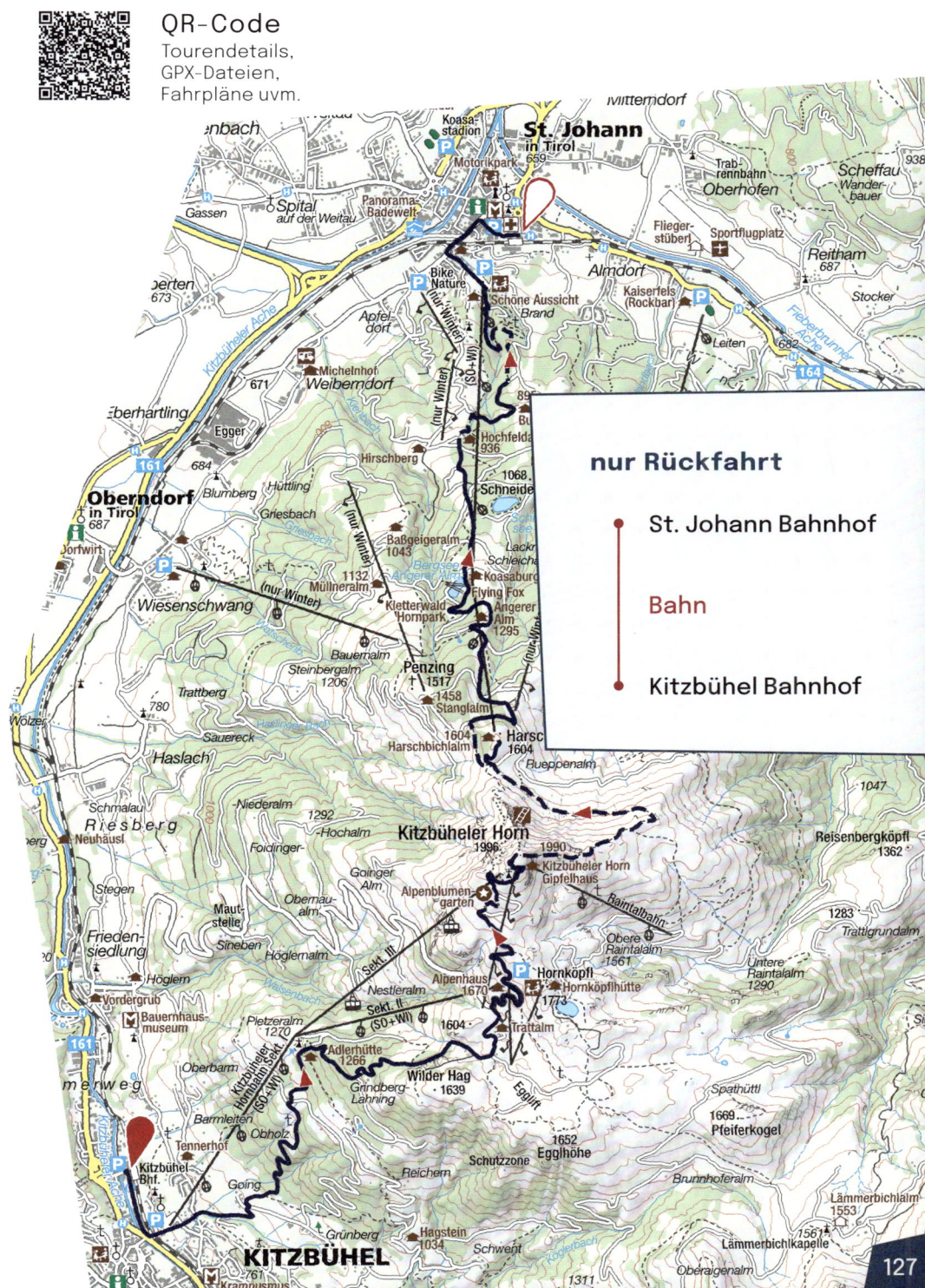

Bildnachweis

3	Simon Widy	70	Anna Siebenbrunner
6	Christian Holzinger	74	Thomas Obermair
7	Francesco Drago	76	Anna Siebenbrunner
11	Tourismusverband Wipptal	77	Anna Siebenbrunner
12	Anna Siebenbrunner	80	Magdalena Maier
14	Tourismusverband Wipptal	82	Magdalena Maier
16	Simon Widy	83	Magdalena Maier
18	Tourismusverband Wipptal	84	Tourismusverband Wipptal
20	Niklas Kraus	86	Simon Widy
22	Tourismusverband Wipptal	88	Thomas Obermair
23	Tourismusverband Wipptal	92	Konrad Gwiggner
26	Veronika Schöll	94	David Kurz
28	Thomas Obermair	96	Anna Siebenbrunner
31	Thomas Obermair	98	Konrad Gwiggner
32	Thomas Obermair	100	David Kurz
34	Thomas Obermair	101	David Kurz
36	Simon Widy	102	Anna Siebenbrunner
40	Verena Engel	106	Anna Siebenbrunner
42	Thomas Obermair	108	David Kurz
44	Anna Mauritsch	110	Simon Widy
46	David Kurz	112	Anna Siebenbrunner
48	Thomas Obermair	114	Peter Backé
50	David Kurz	118	Simon Widy
53	David Kurz	120	David Kurz
56	Simon Widy	122	TVB Kitzbüheler Alpen - Brixental (Mathäus Gartner)
58	David Kurz		
60	Anna Siebenbrunner		
64	David Kurz	124	TVB Kitzbüheler Alpen - Brixental (Mathäus Gartner)
66	David Kurz		
67	David Kurz		
68	Thomas Obermair	126	David Kurz

Impressum

TOUREN
37 Wanderungen mit öffentlichen Verkehrsmitteln

© KOMPASS-Karten GmbH
Karl-Kapferer-Straße 5, A-6020 Innsbruck

1. Auflage 2024 (24.01)
Verlagsnummer 2710
ISBN 978-3-99154-038-0

Konzept: Protect Our Winters Austria (POW AT) & Bahn zum Berg (BzB)

Cover & Rückseite: Foto von Simon Widy; Design von Antonia Siebenbrunner

Grafische Herstellung: Antonia Siebenbrunner mit Unterstützung von KOMPASS-Karten GmbH
Text: POW AT und BzB
Kartografische Herstellung: © KOMPASS-Karten GmbH
Kartenausschnitte: © KOMPASS-Karten GmbH unter Verwendung OpenStreetMap Contributors (www.openstreetmap.org)
Datenquelle Geländemodell Tirol: Land Tirol - data.tirol.gv.at

Mit freundlicher Unterstützung des TVB Kitzbüheler Alpen - Brixental und des TVB Wipptal - vielen Dank für die Zusammenarbeit.

Klimaschonend gedruckt - für Umwelt, Klima und nachfolgende Generationen

UW-Nr. 609

Notizen

Notizen

Nachhaltigkeit weitergedacht

Respektvoller Umgang mit der Natur

„Take nothing but pictures, leave nothing but footprints"

Befolge Bestimmungen: Informiere dich über Regelungen in Nationalparks und Schutzgebieten und halte dich an die Hinweise auf Informationstafeln.

Bewege dich auf sichtbaren Wegspuren: Durchquere keine Gebiete auf eigene Faust, sondern bleibe auf den festgelegten Routen. Respektiere Privatgrund und schließe Weidegatter.

Respektvoller Umgang untereinander: Begegne anderen Wanderern und Forstpersonal sowie Jägern und Landwirten stets freundlich und respektvoll, schließlich bist du Gast in dieser schönen Gegend.

Vermeide unnötigen Lärm: Achte auf Ruhezonen und bewege dich möglichst leise in der freien Natur.

Respektiere den Lebensraum der Tiere & Pflanzen: Weiche Tieren unaufgeregt aus und halte Distanz bei Begegnungen. Achte darauf, Pflanzen möglichst unberührt zu lassen.

Halte die Umwelt sauber: Hinterlasse keinen Abfall. Versuche dich bei Notdurft von Gewässern fernzuhalten und nimm Klopapier wieder mit ins Tal.

Mache kein offenes Feuer und campiere richtig: Nutze nur ausgewiesene Feuerstellen und beachte die aktuelle Waldbrandgefahr. Wenn du im Freien übernachtest, tu das nur an Plätzen, wo dies erlaubt ist.

#folgedeinemKOMPASS

ÖBB
VVT

  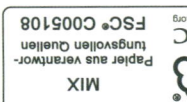  

Nachhaltig „von der Wiege zur Wiege"

Mit diesem Buchprojekt möchten wir Naturbegeisterten und Bergliebhaber:innen das Thema Nachhaltigkeit bei der An- und Abreise näherbringen. Nachhaltigkeit und Klimaschutz beginnen jedoch bereits, bevor du in den Zug steigst und zu deiner Wanderung aufbrichst – und zwar bei der Produktion dieses Buchs.

Wir haben uns daher bei der Wahl der Druckerei für diesen besonderen Wanderführer für die Druckerei Gugler* entschieden. Das österreichische – familiengeführte – Unternehmen hat sich voll und ganz dem Klimaschutz und der nachhaltigen Produktion verschrieben. FSC®, PEFC™, das österreichische Umweltzeichen und das EU Ecolabel sind für Gugler* Mindestanforderung für ökologische Druckprodukte. Klimapositiver Druck ist eine Ergänzung dazu und in weiterer Folge die Vorstufe für Cradle to Cradle Certified®, dem derzeit höchsten Qualitätsstandard für überprüft schadstofffreie und gesunde Druckprodukte.

„Cradle to Cradle" oder auf Deutsch „von der Wiege zur Wiege" bezeichnet das Prinzip eines geschlossenen Rohstoffkreislaufs, bei dem alle Bestandteile eines Produkts nach seinem Nutzungszeitraum zur Gänze im Kreislauf bleiben und wiederverwendet werden können. Anstatt wie in der Wegwerfgesellschaft üblich, „von der Wiege bis zur Bahre" zu produzieren, zielt Cradle to Cradle darauf ab, nach dem Motto „Abfall ist Nahrung" Produkte so zu konzipieren, dass vor ihrer Produktion bereits definiert ist, wie ihre Inhaltsstoffe nach ihrem Leben wieder in Stoffkreisläufe rückgeführt werden können – sei es in den biologischen Kreislauf bzw. in die Biosphäre oder in den technischen Kreislauf/Recycling. So entsteht weder Müll noch Abfall (mehr Infos auf: gugler.at und c2ccertified.org).